Percorsi educativi per la professione musicale

a cura di Mario Corsi e Massimo Russo

ZeroBook
2020

Titolo originario: *Percorsi educativi per la professione musicale* / di Mario Corsi, Massimo Russo (a cura di)

Questo libro è stato edito da **ZeroBook**: www.zerobook.it.
Prima edizione: novembre 2019
Seconda edizione: dicembre 2020

ebook: ISBN 978-88-6711-167-1
book: ISBN 978-88-6711-168-8

Tutti i diritti riservati in tutti i Paesi. Questo libro è pubblicato senza scopi di lucro ed esce sotto Creative Commons Licenses. Si fa divieto di riproduzione per fini commerciali. Il testo può essere citato o sviluppato purché sia mantenuto il tipo di licenza, e sia avvertito l'editore o l'autore. Controllo qualità **ZeroBook**: se trovi un errore, segnalacelo!
Email: zerobook@girodivite.it

Indice generale

Percorsi educativi per la professione musicale..................7
    Il Conservatorio tra passato e presente. Appunti sparsi / di Stefano A.E. Leoni..................9
    La musica come professione / di Massimo Negrotti..................47
    Il Conservatorio una scuola diversa? / di Massimo Russo..........56
    Uno studio pilota nei Conservatorî musicali italiani / di Mario Corsi..................93
Appendice A: Testimonianze..................126
    Ludovico Bramanti..................129
    Paolo Chiavacci..................137
    Gabriele Moroni..................140
    Michele Bartolucci..................146
    Silvia Zambrini..................154
    Francesco Biraghi..................160
    Marcella Ferraresi..................164
    Francesco Forges Davanzati..................169
    Luigi Magistrelli..................177
    Giovanna Polacco..................181
    Antonio Zambrini..................186
Appendice B: Strumento utilizzato per l'indagine empirica....192
Lista dei Conservatori musicali italiani..................203
Nota di edizione..................219
    Questo libro..................219
    Gli autori..................220
    Le edizioni ZeroBook..................221

Percorsi educativi per la professione musicale

Il Conservatorio tra passato e presente. Appunti sparsi / di Stefano A.E. Leoni

(Stefano A.E. Leoni è titolare di musicologia sistematica, membro del CdA del Conservatorio Statale di Musica G. Verdi di Torino)

> *"Non v'è nulla di più difficile da realizzare, né di più incerto esito, né più pericoloso da gestire, che iniziare un nuovo ordine di cose. Perché il riformatore ha nemici tra tutti quelli che traggono profitto dal vecchio ordine, e solo dei tiepidi difensori in tutti quelli che dovrebbero trarre profitto dal nuovo."*
>
> (Niccolò Machiavelli)

In un paese votato da secoli all'immobilismo, in un paese in cui, come Tomasi di Lampedusa fa dire a Tancredi rivolgendosi allo zio, Fabrizio Falconeri Principe di Salina, *"se vogliamo che tutto rimanga come è, bisogna che tutto cambi"*, il 21 dicembre 1999 (ovvero vent'anni fa) giunse un ambiguo regalo di Natale: la Riforma. *La Riforma delle Accademie di belle arti, dell'Accademia nazionale di danza, dell'Accademia nazionale di arte drammatica, degli Istituti superiori per le industrie artistiche, dei Conservatorî di musica e degli Istituti musicali pareggiati.*

Una riforma che nessuno voleva, soprattutto nei termini in cui si realizzò (o meglio: iniziò a realizzarsi, dopo vent'anni siamo ancora in mezzo al guado). Non la volevano i politici, perennemente disinteressati ad un settore lavorativo con pochi addetti e dunque rappresentativo di un bacino di voti assai scarso, non la volevano i funzionari a livello periferico e centrale, non la volevano i docenti, massa perlopiù inerte e lamentosa, votata alla riproduzione di modelli didattici ereditati dal passato e per ciò stesso considerati ottimi, quando non inarrivabili e soprattutto immutabili. Agli studenti, in realtà, nessuno chiese nulla.

Come s'usa dire in termini financo spregiativi, questa riforma "ce la chiese l'Europa". I legislatori italiani dovettero far fronte ad una serie di richieste formali provenienti dalla internazionalizzazione degli studi e dunque escogitare un modello più o meno congruo o importare modelli da adattare ad un settore degli studi molto particolare e specifico.

Per ovvie ragioni di competenza, limito qui il mio intervento al settore musicale, quindi ai Conservatorî di musica e agli Istituti musicali pareggiati.

La speranza, sottesa, era che la riforma avesse un iter tipicamente nostrano, avviandosi e poi perdendosi tra le miriadi di decreti attuativi, di leggi e di leggine mai predisposti, o che, nel puro stile gattopardesco, si trattasse di un cambiamento fittizio, che non intaccasse la sostanza della didattica musicale (e artistica in generale). Questa fu la realtà per qualche anno. Alcuni conservatorî "virtuosi" avviarono corsi sperimentali e anche sulla base di queste esperienze pilota, dopo qualche anno il Caterpillar iniziò faticosamente a muoversi.

Solo nel luglio 2005 (ovvero dall'anno accademico seguente) si superò la prima fase sperimentale relativa al nuovo meccanismo del 3+2.

Sì, perché si passò da una struttura collaudata ma vecchia, le cui regole fondanti e fondamentali si trovavano in tre strumenti normativi datati rispettivamente 1918, 1923 e 1930, che recepiva in parte le suggestioni postnapoleoniche, in parte la tradizione centenaria della didattica musicale professionale, a uno scimmiottamento di un pessima via tracciata a suo tempo dalla riforma degli studi universitari.

E così, non essendo né carne, né pesce, l'istruzione musicale, rimase e rimane, né carne, né pesce dal punto di vista strutturale-normativo.

Settore specifico all'interno del comparto Scuola, con esso subì la privatizzazione della contrattualizzazione del lavoro e di conseguenza perse ogni possibilità di inserirsi a pieno titolo nell'ambito universitario nazionale, dove vigono norme contrattuali "pubbliche". Ancor oggi questa finisce con essere la ragione principale della discriminante collocazione del settore AFAM (Alta Formazione Artistica e Musicale) nel panorama didattico italiano. Ad onta del sempre citato articolo 33 della Costituzione, richiamato fin dal primo articolo della Legge di riforma del 1999 (*1. Le Accademie di belle arti, l'Accademia nazionale di arte drammatica e gli ISIA, nonché, con l'applicazione delle disposizioni di cui al comma 2, i Conservatorî di musica, l'Accademia nazionale di danza e gli Istituti musicali pareggiati co-*

stituiscono, nell'ambito delle istituzioni di alta cultura cui l'articolo 33 della Costituzione riconosce il diritto di darsi ordinamenti autonomi, il sistema dell'alta formazione e specializzazione artistica e musicale. Le predette istituzioni sono disciplinate dalla presente legge, dalle norme in essa richiamate e dalle altre norme che vi fanno espresso riferimento...).

Danno e beffa? Forse: e vedremo in che senso.

Che cosa erano in Conservatorî di Musica prima della riforma? Lo ricordo bene: avevo quasi timore, da poco laureato e con un passato (e presente) di musicista, di studioso e di critico musicale militante a chiedere l'inserimento nelle graduatorie per l'insegnamento di Storia della Musica in Conservatorio. Quello era anche per me, che avevo studiato fuori dalle istituzioni musicali, un luogo di eccellenza didattica e formativa. Certo, era senz'altro una scuola professionale, dalla quale si poteva uscire "con onore" solo sapendo "fare il proprio mestiere a regola d'arte". Ma mancavano i saperi teorici, i saperi di base, soprattutto i saperi critici, in questo sancta sanctorum del "saper fare".

In linea di massima, dai cinque ai dieci anni di studio, iniziato prevalentemente in età precoce (avevamo le scuole medie "annesse", delle quali di direttore del Conservatorio era preside) e che terminava normalmente poco oltre i vent'anni (salvo eccezioni per le classi di canto, alle quali, per ovvi problemi di muta della voce, si poteva venir ammessi in età più tarda rispetto agli altri insegnamenti).

I conservatorî restano pochi nel nostro paese fino alla metà degli anni '60 del secolo scorso, poi: l'esplosione, per arrivare ai circa 80 istituti attuali, tra conservatorî veri e propri e istituti pareggiati. Certamente gli anni 60-70 hanno costituito un momento di svolta nella società italiana e nell'ambito della produzione e del consumo di musica, anche quella più ostica, anche la musica "classica". Più occasioni per lavorare con la musica, più giovani interessati al suo studio, più conservatorî. Con uno strano curriculum che prevedeva, sempre più, l'affiancarsi di studi musicali formalizzati al normale iter scolastico relativo alla secondaria superiore e all'università. Sì, perché questo si stabilizzerà, d'ora innanzi, come la prassi tipica dell'allievo condiviso tra più istituzioni. Chiaramente vi saranno (e talora resistono e persistono ancora oggi in un clima confuso che renderebbe possibile in certi casi la doppia iscrizione a Conservatorio e università) i docenti fautori dell'impegno unico ed esclusivo nella musica, a pigiar tasti o soffiar nei tubi, ma speravamo si trattasse di una razza in via di estinzione e, tutto sommato, dagli stessi studenti iniziava a venire la richiesta implicita di una rimodulazione dei curricula. Seguono anni di riflessioni, incontri, scontri, convegni, pressioni a livello politico e sindacale o corporativo, divisioni ideologiche e narcisistiche tra i docenti, prese di posizione (sovente ignobili) di interpreti famosi; per anni ed anni. Fino a perdere ogni speranza in un cambiamento effettivo di una struttura didattica effettivamente obsoleta, nata per un mercato musicale ristretto quanto elitario e rimasta immobile praticamente dal 1930 (se escludiamo l'inserimento di nuovi strumenti).

Il mondo, nel frattempo, piacesse o meno ai colleghi più Conservatorî (*nomen omen*), era cambiato e continuava a cambiare; non necessariamente in meglio (ma questa sarebbe un'altra storia), certo occorreva far in qualche modo fronte a tale cambiamento. Soprattutto si doveva pensare ad un sistema meno rigido e meno strettamente professionalizzante in ogni sua fase. Si doveva in qualche modo ripensare la stessa idea di formazione musicale formalizzata. Si doveva pensare anche alla cultura musicale, non solo al professionismo di eccellenza. Ma a quest'ultima esigenza raramente s'è fatto fronte, con iter specifici, preferendo accademizzare anche l'inaccademizzabile: il Pop. Forse troppi legislatori e direttori di Conservatorio avevano visto la serie Fame (Saranno famosi) in tv. Salvo oggi protestare per un polpettone ricco di buoni sentimenti ma assai poco rappresentativo del mondo Conservatoriale come *La compagnia del Cigno*. Tempi cambiano.

La musica costituisce da sempre una sorta di sapere complesso, in quanto è cultura che mette in gioco più livelli concettuali, produttivi, comunicativi e recettivi. È un sapere che per sua vocazione si colloca lungo snodi importanti tra discipline diverse e che procede lungo l'asse epistemico della conoscenza e l'asse poietico del fare (La Face Bianconi, 31): dunque può attagliarsi ad una finalità che prevede il conoscere e il fare per giungere al comprendere. Si apre in questo caso una serie di scenari relativi alla cultura e all'educazione quali valori (morali) cui la musica partecipa a pieno titolo in virtù proprio della sua caratteristica ubiquità che non disgiunge il "sapere" dal "saper fare" sia in termini formativi che conoscitivi.

Essa propone una sapere proposizionale integrato e non contrapposto al sapere procedurale (ove emerge la centralità del "sapere pratico" come unione dei saperi esperienziali e procedurali: *know how - know that*), in un ambito complesso e non sempre agevolmente distinguibile ove si intrecciano competenza, conoscenza, cognizioni, capacità, abilità, perizia, esperienza, e "saper essere" (cioè da quelle caratteristiche personali, psicologiche, caratteriali e socio-culturali tali da consentire prestazioni efficaci), terzo livello del "sapere" in ambito formativo. Pur se una distinzione così netta ed utilitaristica nel campo della formazione, finisce con essere messa in discussione da un concetto allargato di *know how* che risente delle pur controverse idee di Gilbert Ryle (Ryle, 1949).

La questione della formazione, ove la si intenda tanto quanto formazione del musicista, quanto formazione attraverso la musica, non rappresenta peraltro che un dato marginale, in cui senz'altro l'elemento valoriale del "sapere" come "sapere fare" ha avuto nella storia della musicografia occidentale un suo ruolo, - forse in maggior misura "paradossalmente" nella sociologia culturale a-valutativa di Weber - certo, ma sicuramente non determinante se non per l'ambito della didattica della musica.

In verità, recentemente sono stati proposti tentativi di recuperare un valore didattico-formativo della musica, in ambito di (son d'obbligo le virgolette) "arte manageriale" (MusicJump® - MusicManager®), prospettando il superamento della cosiddetta dimensione ludica del solo ascolto.

Non si tratta solo del recupero delle tesi di Peter F. Drucker sull'analogia manager-direttore d'orchestra (Drucker, 1998 e 2007), la musica ed i suoi attori, i suoi ruoli, i suoi luoghi, i suo *attrezzi*, vengono utilizzati quali metafore "appassionanti" all'interno del *setting* motivazionale a fini di organizzazione aziendale (Franco Marzo, 2006 e 2008).

Attraverso strategie "sonore" collettivizzate, l'azienda attingerebbe dal mondo della musica tanto esperienze pratiche quanto valori:

> *Andare allo stesso ritmo significa imparare a condividere regole e obiettivi comuni (educazione, etica professionale, disciplina aziendale ecc.); l'armonia è una dimensione razionale e scientifica non solo della musica, ma anche dell'azienda (organizzazione, leadership, comunicazione, valori di riferimento ecc.); costruire una melodia richiede la stessa creatività e coraggio di proporre un nuovo prodotto o una*

nuova strategia; dirigere un'orchestra è arte manageriale che comporta rispetto, fiducia e soprattutto "pregiudizio positivo" nei confronti di tutti i musicisti. Ne emerge che uno dei valori principali della musica è la capacità di attivare energia e passione (motivazione), determinante asset dello "stato patrimoniale" e "differenziale competitivo" delle imprese di successo (Marzo, 2006, intr.).

Nel ragionare di musica (e nell'utilizzarne le "strategie" conoscitive e gestionali) ci si troverebbe all'interno di un circolo virtuoso tra ragione e passione, costituito da "energia e proattività", dove la musica è vista come luogo del convivere di razionale e irrazionale, di apollineo e dionisiaco, di conciliazione della loro antinomia; i livelli tipici dell'iter formativo passano da tre e quattro: ai tradizionali Sapere (conoscenza), Saper fare (competenza), Saper essere (flessibilità), viene dunque aggiunto il Saper sentire (passione) quale elemento determinante per stabilire il differenziale competitivo di cui sopra. Senz'altro un "valore aggiunto".

A prescindere da queste indicazioni di natura formativo-manageriale, la questione dei "valori" musicali costituisce un tema più volte ricorrente nella musicografia dell'Occidente; naturalmente con declinazioni assai differenti in relazione ai momenti storici e alle collocazioni geografiche. Ora in termini specifici, ora esibendo una aspecificità disarmante:

> *L'Accademia della Musica svolge un'intensa attività promozionale nei confronti della cultura musicale e dei valori morali universali sviluppando e promuovendo la conoscenza della musica, organizzando concerti, concorsi, corsi musicali, lezioni concerto e conferenze che permettano la più ampia partecipazione della popolazione (dal sito dell'Accademia della Musica, scuola di musica, arte e spettacolo: http://www.accademiadellamusica.it).*

Che cosa effettivamente significa questa affermazione? Come può la musica, nello specifico, promuovere "dei valori morali universali"? Ancora non si è concluso il dibattito sulla universalità o meno della musica, che propone comunque, a partire dall'impulso dagli studi etnomusicologici, un'idea di universalità della "musicalità" umana, in termini di comprensione e di utilizzazione delle musiche, piuttosto che di universalità delle strutture, per le quali - al limite - possiamo parlare di stabilità, di continuità; tanto meno universalità dei valori musicali, fatto che presuppone analogie e condivisioni di identità gerarchiche che superano ampiamente i confini di una cultura, per quanto essenzialisticamente possa esser essa intesa. È una questione che finisce con il riguardare molti momenti della storia e dell'estetica musicale, dalla "connivenza" di estetica e politica tra XVIII e XIX secolo alle *mission* beethoveniane (su "istigazione di Neefe, degli Illuminati e del pensiero kantiano) quanto wagneriane, dal Mazzini della Filosofia della musica, al Nocevento del rigorismo etico adorniano-schoenberghiano (con tutte le sue filiazioni), alle apparenti contraddizioni statunitensi (a titolo di puro esempio: il fenomeno Band, il paradosso di un rock-etico, rispettoso dei valori dell'american way of life: il domestico, il rurale, la patria).

Tradizionalmente i luoghi della formazione musicale (conservatorî, accademie) sono stati considerati luoghi d'elezione nella coniugazione del sapere con il saper fare. Certo in stretta relazione con il concetto di *ars* come *tecnhé* che la cultura occidentale ha mantenuto lungamente, dall'antichità classica in avanti. Proprio a partire dalla definizione di attività artistica in quanto tale e in quanto tale distinta dall'attività comune, sociale: la produttività artistica, anche in ambito musicale, si attua attraverso *technai*, ovvero quelle operazioni umane che modificano e trasformano i *naturalia*, di più: si pone in dialettica o in contrasto con essi in quanto le technai nascono come strumenti forgiati dall'uomo per comprendere e controllare la *physis*; mentre il saper fare delle *technai eleutheroi* (le *artes liberales* dei latini e del mondo Medievale, ma pure le forme espressive concernenti le "arti"), volto ad esigenze che superano il contingente quotidiano diventa per i greci *poiein*, e l'attività artistica *poiesis*.

Ora, se di queste *technai* in qualche modo diffida il pensiero platonico non accettandole in ambito educativo-sociale in quanto promotrici e non disciplinatrici di passione, di esse - in quanto *artes* - a lungo si discuterà nei secoli a seguire, in una mescola sfuggente da tra arte e tecnica, tra arte e artigianato (la capacità di fare musica che si svolge secondo una regola, "a regola d'arte"), a cavaliere tra musica come *techne*, come *ars* del creare, del "comporre", e musica come tecnica del fare, dell'eseguire, del partecipare consapevolmente delle conoscenze pratiche e teoriche.

Eccoci allora, dicembre 1999, alla promulgazione della legge 508, croce e delizia dell'impianto dei Conservatorî odierni. Da quel momento, attraverso piccole correzioni che seguirono, il sistema formativo AFAM è articolato in tre cicli (non faccio che riportare informazioni facilmente accessibili attraverso internet):

Corso di Diploma accademico di primo livello

Ha durata triennale e prevede il rilascio di 180 CFU con l'obiettivo di assicurare un'adeguata padronanza di metodi e tecniche artistiche, nonché l'acquisizione di specifiche competenze disciplinari e professionali. Vi si accede con una maturità quinquennale anche non artistica previo test di verifica attitudinale. Il diploma dà accesso ai corsi di laurea magistrale oppure di diploma accademico di II livello, oltre che a master universitari di 1° livello, diplomi accademici di specializzazione e diploma di perfezionamento previa valutazione del piano di studio.

Corso di Diploma accademico di secondo livello

Si accede tramite un esame di ammissione per accertare che la preparazione acquisita sia adeguata al corso. Ha durata biennale, prevede il rilascio di 120 CFU con l'obiettivo di fornire allo studente una formazione di livello avanzato per la piena padronanza di metodi e tecniche artistiche e per l'acquisizione di competenze professionali elevate. Il diploma accademico di II livello prevede 2 anni di studio per 120 crediti tesi compresa (in alcuni casi 132 crediti).

Per accedervi si ha comunque bisogno di un diploma accademico di I livello AFAM (L-19/S1) o di una laurea universitaria equipollente (L-3 ma per alcuni bienni anche L-4, L-1, L-17, L-20 e simili previo riconoscimento di almeno 120 crediti e non più di 60 debiti da recuperare nel biennio). Si può accedere anche con un diploma accademico a ciclo unico ante riforma oppure con un Diploma di Laurea (DL) o Diploma Universitario triennale (DU) pervio riconoscimento di 180 crediti nominali.

Le scuole dirette ai fini speciali biennali e/o corsi universitari di durata inferiore ai 3 anni non permettono l'accesso perché sono necessari minimo 3 anni congiuntamente ad una maturità quinquennale anche non artistica.

Corso di Diploma accademico di formazione alla ricerca

Si accede con il Diploma Accademico di secondo livello o altro titolo di studio estero riconosciuto idoneo è equivalente al dottorato di ricerca universitario in ambito artistico o musicale e ha durata minima triennale, non prevede rilascio di crediti e ha l'obiettivo di fornire le competenze necessarie per la programmazione e la realizzazione di attività di ricerca altamente qualificanti. Per accedervi è necessario il diploma accademico di 2 livello o laurea specialistica (LS) / magistrale(LM) oppure diploma di laurea (DL) o diploma accademico del previgente ordinamento (decreto legislativo 16 aprile 1994, n. 297 art 63); i diplomi conseguiti prima del 1994 non permettono l'accesso al 3 livello in quanto non sanati dalla legge 508 e neppure dalla legge di stabilità 2013 che si riferiscono esplicitamente all'ultimo previgente ordinamento e non a tutti i previgenti. In realtà tale percorso non è stato ancora attivato in mancanza di specifiche direttive o decreti attuativi.

Sono inoltre previsti e attivati (attualmente solo in un limitato numero di istituzioni) altri corsi, come i Corsi di Diploma accademico di specializzazione, che forniscono competenze professionali elevate in ambiti specifici e soprattutto i Corsi di Diploma di perfezionamento o Master, che forniscono approfondimenti in determinati settori, riqualificazione professionale e educazione permanente, prevedendo l'acquisizione di almeno 60 CFU.

I diplomi accademici ante riforma, di solito quadriennali, ma a volte anche quinquennali o più, sono rientrati nell'AFAM; ai fini dei concorsi pubblici e per l'abilitazione all'insegnamento, furono già equiparati alle lauree del vecchio ordinamento universitario di cui al DL, art. 4, comma 2, della Legge 19 novembre 1990, n. 341 e successivamente alle corrispondenti lauree magistrali del nuovo ordinamento. I diplomi accademici dell'ordinamento previgente alla legge 508/1999, in quanto equipollenti ai diplomi accademici di 2 livello, costituiscono titolo di accesso ai concorsi di ammissione ai corsi o scuole di dottorato di ricerca o di specializzazione in ambito artistico, musicale, storico artistico o storico-musicale istituiti dalle università.

In un recente passato è stato attivato il Diploma accademico di II livello finalizzato alla formazione di docenti, con durata di 2 anni (120 crediti) avente come obiettivo la formazione dei docenti per l'insegnamento (per esempio nella scuola di educazione musicale classe di concorso A/31 e A/32 e di strumento classe di concorso A/77).

Anche questo diploma permetteva l'accesso ai corsi del Terzo Ciclo, ovvero al corso di Formazione alla Ricerca (Dottorato di Ricerca), al corso di Perfezionamento o Master di II livello, al corso di Specializzazione di II livello e l'accesso al TFA -Tirocinio Formativo Attivo, abilitante per l'insegnamento nella scuola. Attualmente questo percorso è stato congelato e sono subentrate altre modalità di formazione per questo target specifico (i cosiddetti corsi "24 crediti").

Esistono infine diplomi ottenuti a seguito di corsi sperimentali sia di 1 livello e sia di 2 livello e anche rarissimi corsi sperimentali ante riforma; tali diplomi seguono le stesse regole dei diplomi ordinari se appartengono alla stessa scuola e allo stesso dipartimento degli ordinari (se esisteva già la definizione di scuola e dipartimento).

Riguardo i corsi ante riforma, nati con ordinamenti che non definivano chiaramente il concetto di scuola e di dipartimento, valgono le regole della legge 508 che fu una "sanatoria" per tutto ciò che è stato ante riforma, prima di passare alla riforma vera e propria che ha portato al 3+2. In ogni caso, nessun corso ante riforma, anche quelli decennali, può essere ad oggi considerato di 3 livello bensì di primo e secondo livello entrambi.

Per consuetudine le Università rifiutano l'accesso alla laurea specialistica (LS o LM) ai possessori dei diplomi di 1 livello AFAM (equipollente con fine esclusivo per il pubblico impiego ma non per il proseguimento degli studi) mentre accettano chi possiede il previgente ordinamento perché già equiparato per ciò che riguardava all'accesso alle scuole di specializzazione. Ai master di primo livello universitari invece vengono accettati anche i possessori di diploma AFAM di primo livello, solamente se ciò è specificato nelle regole per l'iscrizione.

Che cosa ha generato questo sistema complesso analogo ma assolutamente non "uguale" a quello universitario? Sulla critica a quest'ultimo si sono spese tonnellate di parole e mi par bene che i giudizi siano generalmente negativi se non altro quelli espressi più o meno manifestamente dal corpo docente.

La prima ricaduta evidente è stata quella relativa al numero straordinariamente alto di incombenze calato sulle singole istituzioni per la parcellizzazione dell'offerta formativa, costituita ora da curricula che inglobano un numero decisamente alto di materie, e per la decentralizzazione decisionale (quantunque assai ambigua) dovuta al processo di automizzazione dei singoli istituti (*"istituzioni di alta cultura cui l'articolo 33 della Costituzione riconosce il diritto di darsi ordinamenti autonomi"*, afferma la 508), anche se italicamente vittima di ritardi e stolide sovrapposizioni e antinomie normative.

Più lavoro, maggiori carichi per gli uffici, a fronte di organici a lungo bloccati e di lacci normativi che non assicurano quasi mai continuità professionali e contrattuali. In ogni caso, là dove, negli atenei il numero degli "amministrativi" sovente è in linea con il numero dei docenti, nei conservatorî il rapporto, più spesso, è di uno a dieci. Non è un problema da poco, anche se molti docenti paiono non rendersene conto partendo da un'ottica forse eccessivamente "artistica". Far funzionare una macchina enormemente più complessa dei conservatorî "vecchio ordinamento" con un numero di addetti negli uffici che era stato pensato per una istituzione assai più collaudata, non dotata di sostanziale autonomia, e con curricula e corsi congelati nella maggior parte dei casi da diversi decenni, rappresenta forse una delle criticità più evidenti del percorso riformatore degli studi musicali.

Dal punto di vista didattico, si sono presentati ad un corpo docente nella maggior parte dei casi cresciuto e/o formatosi in un Conservatorio figlio delle norme prodotte tra 1915 e 1930, assolutamente indirizzato alla formazione di musicisti d'antan, possibilmente virtuosi solisti e possibilmente anche cloni dei propri maestri, una serie di novità quasi sconvolgenti in termini di ventaglio di materie e di ridimensionamento almeno parziale della figura del Maestro. Le risposte sono state sono, in genere, di due tipi: alcuni (si spesa una minoranza) hanno intimamente rifiutato ogni novità, rifugiandosi in una sostanziale uniformità didattica rispetto al passato, pur inserita in una struttura formalmente rinnovata: "quando soffia il vento del cambiamento, l'italiano mette su le doppie finestre" si legge in un twitter piuttosto conosciuto, altri hanno fatto fronte al cambiamento mettendo in atto un principio di resilienza o di ridiscussione del proprio impianto professionale come docenti. Certo è che si è trattato di lavorare sul nuovo con una classe docente sostanzialmente vecchia che ha spesso dovuto reinventarsi dal punto di vista di modi e contenuti.

La riforma ha rappresentato un'istanza di ridefinizione del profilo dello studente di Conservatorio (molto più di quanto non sia accaduto per le Accademie di Belle Arti, per esempio) in senso affatto moderno ma confusivo, inserendo elementi encomiabili dal punto di vista della formazione culturale dei musicisti, ma disequilibrando sostanzialmente i pesi didattici ed arrivando talora al limite del punitivo nell'ottica del docente di strumento, o di materia principale, come s'usava dire un tempo. Recentemente sono stati proposti e messi in atto correttivi soprattutto per quel che riguarda i percorsi formativi del diploma accademico di secondo livello, che - allo stato attuale, dopo la recente trasformazione dei corsi da sperimentali a ordinari - oggi appaiono maggiormente in linea con l'idea di specializzazione che sottende questo percorso in qualche modo "analogo" alla laurea specialistica o magistrale.

La sfida è oggi quella di svecchiarsi senza perdere il rapporto con la solidità della tradizione. Senza stolti trasformismi, insomma, senza voler diventare ciò che non si è e non si è mai stati (università), ma senza rifiutare il cambiamento che non solo ci sta intorno, ma che ci ha coinvolto, volenti o nolenti. Credo non si possa, oggi, combattere una battaglia di retroguardia nei confronti di chi ci impone regole, norme e visioni del nostro settore per il solo gusto di restare ancorati ad un passato che vogliamo vedere a tutti i costi come mitico. Per timore di gettare il bimbo, non dovremmo tenerci l'acqua sporca.

Occorre che tutti noi si rifletta su che cosa significa fare e insegnare musica nel nostro tempo, su quali sono i valori che ancora possiamo trasmettere e che riteniamo imprescindibili e su che cosa vogliamo davvero dare ai nostri studenti come ai nostri figli. È indubbio che noi non siamo più negli anni 20-30 del Novecento, che non possiamo appellarci ai fasti del passato, al pedigree del "conservatorî storici", di una élite artistica che si muoveva e si formava in un mondo tutto diverso dal nostro. E tutto diverso da quello degli anni 70-80. La crescita, invero artificiosa, della domanda formativa nel nostro settore ha portato alla moltiplicazione delle istituzioni, al gonfiarsi delle occasioni di lavoro per i musicisti, ad un inevitabile dover ragionare con numeri e esigenze assai differenti dal passato. Ma oggi siamo in una fase ancora differente, nella quale dobbiamo comunque relazionarci con una società sicuramente liquida e dominata da media assolutamente alieni rispetto ad un passato anche recente, una società che non fornisce più nessuna sicurezza o certezza. Relazionarci con un paese che ha visto "sgonfiarsi" progressivamente le occasioni di lavoro nell'ambito delle professioni musicali; tanto più se ragioniamo di quelle più legate alla tradizione. La difesa dell'inattuale e dell'inutile, contrapposti ai concetti ora correnti di attualità e utilità, non è una proposta velleitaria, ma una battaglia per la cultura, si sa. Ciò non comporta la sordità nei confronti di quanto ci chiede il mondo contemporaneo per continuare ad esistere come istituzione che forma musicisti, professionisti che dovrebbero avere davanti a loro un orizzonte di possibilità di lavoro, per continuare ad avere "voce in capitolo", per non consegnare tutto nelle mani di trafficanti di cultura. O meglio: di trafficanti di titoli di studio.

Si tratta di fare i conti, di lavorare in maniera scaltra per mantenere una nostra autonomia, una nostra precisa impronta e identità in un mondo che ci vedrebbe volentieri - probabilmente - estinti. Il Conservatorio è qualcosa di assolutamente unico e particolare nel panorama educativo e didattico. Il Conservatorio non è università, per quanto anche noi si voglia scimmiottare quel mondo parallelo parlando a sproposito e da anni di "lauree". Malgrado questo, per ragioni che neppure i nostri legislatori hanno mai condiviso, bensì subíto, stiamo da più di vent'anni in mezzo al guado di una riforma non ancora conclusa che ha malamente parafrasato una simile, nefasta, riforma universitaria. Quello che abbiamo intorno è il "nuovo ordinamento". È inutile peraltro che si apra il solito *cahier de doléance* in cui molti loderanno le virtù dei conservatorî della loro gioventù, dei maestri del passato, e così via, implicitamente ammettendo di essere allora musicisti e didatti enormemente inferiori ai propri maestri e ammettendo dunque anche il proprio fallimento professionale.

Tutto ciò è assurdo. Quel che siamo, oggettivamente, è "seri e preparati professionisti della musica", capaci di formare giovani musicisti con scienza e coscienza. Resistendo anche a certe spinte populiste che ci vengono sovente dall'alto, ma consci di dover comunque lavorare in istituzioni che funzionano sulla base di normative che a volte non ci piacciono, ma che dobbiamo cercare di rispettare in quanto orgogliosamente istituzione statale, senza per questo farci fagocitare da esse. Il sistema universitario italiano è ricco di storture e spesso covo di malaffare, inoltre questioni spinose prima o poi ci piomberanno addosso in una situazione assolutamente poco chiara che vede l'AFAM contiguo all'Università e spesso sottoposto a politiche analoghe. Ci piaccia o meno, questa è e continuerà ad essere la realtà, anche in forza di una nostra tragica quanto atavica litigiosità interna e scarsissima coesione come "sistema" AFAM. Anche per questo non abbiamo mai avuto né avremo "voce in capitolo". Con questo mondo dobbiamo fare i conti. cercando il più possibile di mantenere la nostra identità, la solidità, lo spessore del nostro lavoro, dribblando regole e regolamenti talora assurdi, cercando di mantenere la dimensione fondamentalmente etica del nostro operare in Conservatorio, del nostro operare con giovani che a noi affidano speranze e fatiche per anni.

Anche l'interpretazione ha oggi necessità della ricerca, sempre più, per coniugare sensibilità individuale e oggettività storica, contestualizzazione, in uno: prassi esecutiva. Il sapere musicale è "saper fare" tanto quanto "sapere". La sfida per il presente e per il futuro è questa. Aprirsi alle conoscenze, approfondire, senza perder di vista lo scopo finale dell'insegnamento musicale. Unire l'alta cultura (espressione della quale talora immeritatamente ci fregiamo) con la professionalità, nella certezza che giovani colti, responsabili e critici, possano diventare sempre più musicisti preparati e cittadini consapevoli, questo mi pare l'obiettivo da perseguire oggi.

Il Conservatorio deve continuare a fornire opportunità ai propri studenti, a radicarsi sempre di più nel tessuto sociale e culturale del territorio, a promuovere occasioni di studio, di approfondimento, di ricerca e di produzione; deve stringere relazioni virtuose con altri istituti al fine di fornire curricula integrati che permettano l'ottimizzazione delle risorse umane e strutturali con la finalità di proporre un'offerta formativa il più possibile vasta quanto solida e curata. È uno sforzo che ci deve vedere attenti al mondo esterno, al mondo del lavoro e della cultura quanto attenti alle esigenze e alla congrua preparazione dei nostri studenti. Non si tratta di condividere una linea di politica culturale o un'altra, si tratta di prendere coscienza che occorre, sempre e comunque, una politica culturale. In passato una linea si provò a tenerla, con risultati quantomeno discutibili. E ne discusse, per esempio, il compositore e didatta vicentino Giacomo Orefice, per anni docente di composizione presso il Conservatorio di Milano. Il contributo data 1918, e si pone una serie di quesiti assolutamente attuali; non sembra insomma esser vecchio di oltre un secolo, credo.

> *Da circa dieci anni, ormai, insegno composizione nel Conservatorio di musica di Milano. Posso quindi, coscientemente, esprimere l'opinione che i Conservatorî non rispondono più alle esigenze della nostra coltura e della nostra arte nazionale [...]*
>
> *Occorre aggiungere subito che l'organismo dei nostri Conservatorî è informato a un criterio fondamentale che non permette loro alcun adattamento alle imprescindibili necessità dell'ora presente, e deve essere perciò mutato radicalmente.*
>
> *I nostri Conservatorî, infatti, malgrado la lustra delle cosiddette materie complementari, quali la Storia della musica e l'Armonia, continuano a rimanere semplicemente scuole di educazione degli organi vocali o di insegnamento dell'uno o dell'altro strumento. Non sono invece, affatto – o sono in misura troppo insufficiente – quello che dovrebbero essere: scuole di musica; scuole di coltura musicale.*
>
> *Questa affermazione può sembrare strana. E, tuttavia, per ciò che concerne le scuole di canto e di strumenti in genere che ho testè nominate, è facile rendersene ragione, considerando che nei*

Conservatorî - scuole di educazione musicale pubbliche - si fa, presso a poco, anzi, con minore intensità, quello che si fa nell'istruzione musicale privata. Si insegna, ripeto, a cantare e a suonare uno strumento. Il che è ben diverso - come intendo appunto dimostrare - dall'insegnare la musica.

Più difficile è il convincersi che scuola di musica e di coltura musicale non sia neppure quella che dovrebbe esserlo per eccellenza: la scuola di composizione [...]

Il programma dei nostri Conservatorî dimentica semplicemente che armonia, contrappunto e composizione, rispetto all'evoluzione storica della musica, sono una stessa cosa, sono un tutto inscindibile. Ché, se è possibile dedurre le regole di una buona grammatica dalla letteratura classica di una lingua, perché questa lingua, salvo gli inevitabili neologismi, è da secoli stabilmente formata, non è altrettanto facile stabilire una grammatica della musica; linguaggio che è in formazione continua, e i cui perfezionamenti incessanti non distruggono, né menomano spesso, l'importanza di alcuni momenti storici in cui questi perfezionamenti non erano ancora stati raggiunti.

In musica un formulario qualsiasi può servire tutt'al più a illustrare il momento speciale dell'arte in cui quel formulario era in uso; e, sotto l'aspetto didattico, a esercitare l'allievo nella imitazione delle forme nate e vissute in quell'epoca.

E quindi, se può essere utile, e magari necessario, stabilire delle regole anche per l'insegnamento della musica, tale utilità cessa d'un tratto, per divenire invece un assurdo didattico, quando tra regole e musica vi sia contraddizione assoluta.

L'unico mezzo per evitare questa contraddizione è quello di coordinare l'insegnamento delle regole con quello delle forme musicali da cui quelle regole furono dedotte, e a cui possono quindi riadattarsi. Coordinamento che può ottenersi solamente seguendo il processo storico di origine e di sviluppo delle varie forme musicali; e ricavando dall'analisi di quelle forme le norme secondo le quali furono costruite.

Oggi la scuola di Composizione può tutt'al più disporre della Biblioteca del Conservatorio, sotto determinate regole e restrizioni. In qualche Conservatorio può anche, di quando in quando, servirsi dell'orchestra, se vi siano (e non sempre vi sono) esercitazioni degli allievi a questo scopo.

Ma le scuole di pianoforte, di violino e di strumenti ad arco in genere, di organo, d'arpa, di strumenti a fiato, di canto individuale e corale sono organismi a parte che nessun contatto hanno, né devono avere nell'ordinamento attuale, colla scuola di composizione. Gran mercé se queste scuole, convenientemente sollecitate, concedano qualche allievo, che all'esperimento finale si presti ad eseguire i saggi degli allievi di composizione. Quanto a sottometterle alle esigenze del programma da me accennato, sicché esse collaborassero attivamente al suo svolgimento, sarebbe oggi pretendere l'assurdo. Sarebbe – lo riconosco – uno scompaginarle e un trasformarle radicalmente, come appunto a me sembra necessario.

Che esistano di professori stipendiati per apprendere a suonare il violino, il pianoforte o il canto gratuitamente a giovani che bene spesso potrebbero pagarsi quest'istruzione (per l'ammissione nei Conservatorî non è necessario essere sprovvisti di mezzi di fortuna), può essere, è anzi indubbiamente, comodo ed utile.

Ma questa utilità non corrisponde più alla spesa fatta per ottenerla, quando – come nell'ordinamento attuale – non si approfitta di un'organizzazione musicale completa, quale è rappresentata dal Conservatorio, per insegnare la musica; e si disgrega invece questo organismo in altrettante cellule, che raggiungono appena, o sorpassano di poco, l'efficacia e i risultati dell'istruzione privata.

Insegnare, infatti, a cantare o a suonare un istrumento – come dissi fin da principio – non vuol dire insegnare la musica. [...] In modo inverso precisamente a quello che è oggi praticato, la musica, nella sua più ampia significazione ed essenza, dovrebbe essere lo studio principale del Conservatorio. Tutti gli altri – canto, violino, pianoforte e la composizione stessa – dovrebbero divenire le materie complementari.

Può darsi (e non è lecito neppure asserirlo con certezza) che si uscirebbe dal Conservatorio provvisti di minore virtuosità tecnica; ma non si uscirebbe più, come oggi, sprovvisti di coltura musicale. E virtuosi, se necessario, si può diventare, in un anno o due, anche fuori dal Conservatorio; mentre la coltura musicale non si rifà più quando, usciti dal Conservatorio, assillano le esigenze della professione e della vita; e, tanto meno, quando difettano ormai i mezzi tecnici necessari a procurarsela.

Ma v'ha di più.

Elevato così il Conservatorio a scuola di coltura musicale, ne seguirebbe logicamente che lo potesse frequentare anche chi non intenda di fare della musica una professione.

Parlo della grande massa dei dilettanti, che si ha l'abitudine di considerare come quantità trascurabile, o peggio, mentre sono essi che formano l'opinione pubblica musicale del paese. Sono essi che impongono al paese un climax musicale proporzionato alla loro coltura. Elevare questa coltura dei dilettanti equivale quindi ad elevare l'arte. Equivale, anzi, a concedere all'arte le sue ragioni di vita.

Oggi nei Conservatorî si crea malamente ogni anno una piccola accolta di artisti, per poi lanciarli in mezzo ad una folla di selvaggi della musica, educata all'ultima canzone di Piedigrotta o al valzer dell'operetta viennese più in voga. Chi non vuole e non può fare l'apostolo, si acconcia facilmente fare il mercante; ottimamente coadiuvato in questo dagli editori, che vanno sempre alla ricerca del successo, e dai critici, che quasi sempre lo giustificano e vi si inchinano.

D'altronde non basta neppure il gesto nobilissimo, ma isolato, di un rivoluzionario, a spingere d'un balzo l'arte più innanzi verso quell'ideale di perfezione e di bellezza cui essa tende incessantemente. Non basta il gesto di un rivoluzionario, se esso cade in un ambiente impreparato.

Succede per le rivoluzioni musicali quello che succede per le rivoluzioni politiche. Esse sono fatalmente seguite da reazioni, che ritardano di anni ed anni, o rendono magari vani gli effetti del benefico sforzo. E i progressi più proficui e duraturi non si ottengono con le imposizioni violente, ma coi lenti e pazienti processi di penetrazione.

Se noi vogliamo, perciò, un'Italia musicale non indegna delle sue gloriose tradizioni, e che sappia tener fronte alla prepotente invadenza dell'arte straniera, non dobbiamo contare sull'individuo, e aspettare la rivelazione messianica del genio, che dovrà rialzare le sorti della nostra musica. Non dobbiamo contare sull'individuo, ma sulla elevazione della coltura musicale della massa.

Questa elevazione non si otterrà che in parte coi teatri e coi concerti; manifestazioni sporadiche, soggette esse pure ai capricci della moda, o, peggio, agli interessi dei faccendieri dell'arte. Si otterrà invece sicuramente colla scuola; coll'insegnamento della musica nei Conservatorî, non più limitato a pochi musicisti, ma esteso alla portata di tutti. Colla trasformazione, in una parola, del Conservatorio in Università musicale.

Conservatorio e Università musicale sono due concezioni affatto opposte. L'una rappresenta i gretti bisogni e le ristrette idealità dei tempi passati. L'altra investe, invece, tutto un ordine nuovo di idee, e si fonde mirabilmente colle

> *molteplici correnti della nostra espansione intellettuale.*
>
> *Tra le due concezioni scelga ora chi ha coscienza delle esigenze culturali e delle aspirazioni artistiche della nuova Italia.* (Orefice, 1918)

In realtà non si tratta che di una delle tante prese di posizione che videro confrontarsi, all'inizio del XX secolo intellettuali italiani in merito all'importanza di una preparazione culturale tanto diversificata quanto qualificata all'interno del percorso didattico nei Conservatorî. L'esigenza di una migliore preparazione culturale dei musicisti non fu questione cara solo a teorici o storici, ma vide impegnati anche importanti musicisti. Estremamente interessante è l'intervento che si poteva leggere sulla prestigiosa rivista «La voce» nell'agosto del 1909 a firma Ildebrando Pizzetti:

> *I regolamenti ora vigenti nei nostri Istituti Musicali, sulla ammissione dei giovani e sugli esami, sono l'espressione di incredibili errori pedagogici e didattici. Essi impediscono la selezione di giovani atti agli studi musicali dagli inetti; essi favoriscono la produzione – chiamiamola così – di professionisti incapaci e ignoranti; essi facilitano l'immorale esercizio di favoritismi e protezionismi a qualunque professore voglia usarne. [...] Per rendere le Scuola musicali italiane degne non già di stare a*

> *pari delle straniere – le quali no bisogna credere*
> *vivano una vita molto più sana e vigorosa delle*
> *nostre – ma degne dell'Italia quale noi la*
> *vogliamo, bisogna oggi, per prima cosa, che noi –*
> *giovani musicisti italiani – ci diciamo francamente*
> *quali sono i nostri errori e le nostre colpe (anche il*
> *non far nulla è una colpa) e quale dev'essere il*
> *nostro compito del presente e dell'avvenire. [...]*
> *Per la nostra vergogna, di analfabeti ce n'è*
> *ancora molti in Italia, [...] oggi, per ammettere i*
> *giovani in Conservatorio, si chiede proprio*
> *solamente che essi non siano analfabeti.* (Pizzetti, 1909)

Guido Pannain, facendo proprio l'intervento precedentemente riportato di Giacomo Orefice, giunge ad affermare, nel 1919:

> *Il maestro Orefice parla di riforme da apportarsi*
> *anche all'insegnamento della storia della musica:*
> *ma di quale storia si può parlare a un uditorio di*
> *analfabeti d'ufficio, quali sono gli allievi delle*
> *scuole musicali italiane?* (Pannain, 1919)

Né gli interventi a favore di una maggiore preparazione culturale si limitarono a quelli di compositori e musicologi; Luigi Forino, violoncellista di fama e direttore del Conservatorio di Buenos Aires non avrà difficoltà scrivere che

> *è vergognoso che un esecutore d'orchestra, per*
> *modesto che sia, non sappia scrivere quattro*

> *parole senza errori di ortografia, di grammatica o*
> *di sintassi e non sappia le più elementari nozioni*
> *di storia e geografia.* (Forino, 1930)

Certo, come dice Orazio Maione, dal testo del quale sono ricavate molte delle citazioni proposte,

> *ai giorni nostri, colmate le lacune di*
> *scolarizzazione più elementari, la necessità di una*
> *preparazione culturale più solida va intesa come*
> *maggior rilievo da assicurare ai campi*
> *dell'indagine musicale (analisi formale, storia*
> *della musica, storia della prassi esecutiva ...).*
> (Maione, 2005)

Ma il problema, il vulnus primario nasce subito, non appena i Conservatorî iniziano a darsi dei regolamenti scolastici; prima del primo sostanziale intervento legislativo a carattere nazionale datato 1918. Siamo dieci anni prima, nel 1908, quando viene adottato dal Conservatorio di Milano il *Primo regolamento degli studi pel Conservatorio di Musica* del 1908, che propone un curriculum fortemente legato all'idea della scuola professionale e dal quale vengono accuratamente esclusi quegli insegnamenti relativi alla filosofia, alla letteratura, alla matematica e alle scienze, che invece avevano caratterizzato e caratterizzavano l'offerta formativa proprio del modello cui le scuole di musica e nello specifico l'istituto milanese, facevano riferimento dal punto di vista didattico: il *Conservatoire* di Parigi. Una "atipicità" italiana che diverrà la "tipicità" nazionale.

Ma questa impostazione carente in termini culturali viene talora additata già negli anni '30, quale una delle principali cause della crisi del sistema Conservatoriale e della scarsa qualità e scarsa quantità di professionisti usciti dalle scuole italiane (Forino, 1930, pp.5-6).

Si tratterà, nel corso degli anni, di una frizione costante tra due modelli formativi che raramente trova un equilibrio. La sostanziale professionalizzazione degli studi musicali nel nostro Paese, ha in ogni caso prodotto una scollamento rispetto alla cultura, tanto accademica che "diffusa", che in buona parte potrebbe costituire la ragione fondamentale della profonda crisi che il settore continua a vivere ancor oggi; anzi: oggi più di ieri. La sostanziale e progressiva mancanza di peso dell'ambito musicale nella cultura italiana (fatte salve le manifestazioni del Pop talora della peggior specie), la effettiva assenza del settore musicale dall'ambito della Cultura. Ancor oggi una persona che non ha la minima nozione tecnica, teorica o storica di musica, viene però annoverata tra le "persone di cultura" se conosce qualcosa di letteratura, nazionale o straniera, e di arte. La musica (la musica che si studia e si produce nei Conservatorî) è totalmente ininfluente nella società italiana odierna. E questo è dovuto anche alla non apertura in senso culturale delle scuole di musica, al non prevedere - per esempio - quei percorsi paralleli che Orefice in maniera lungimirante proponeva nel 1918, in forza del "timore di trasformare i Conservatorî di musica in 'università popolari per dilettanti'"(Maione, 2005) che prese il sopravvento e che invece si sarebbe dovuto gestire in tutt'altro modo. Ma la realtà del nostro paese – allora ed oggi – è, come giustamente ci fa notare Giorgio Sanguinetti (che ancora una volta riprendiamo dal testo di Maione) che:

> *il vero problema della musica nell'Italia post-unitaria era la sua esclusione dalla sfera della cultura. Il futuro della musica si giocava sulla possibilità di farla entrare in questo dominio: altrimenti, quest'arte sarebbe stata sempre più marginalizzata. [...] Quello dell'incultura dei musicisti era un problema che agli inizi del Novecento venne preso seriamente in considerazione dai musicisti stessi. Non altrettanto, purtroppo, si può dire dell'altro corno del problema, cioè l'ignoranza della musica da parte della cultura «alta», [...] la musica era esclusa dal novero delle conoscenze obbligatorie per una persona colta. Nel disinteresse totale della cultura accademica, le uniche istituzioni che avrebbero potuto incentivare la cultura della musica [...] sarebbero stati i Conservatorî: ma anche in questo campo i Conservatorî si mostravano drammaticamente arretrati, tant'è vero che, salvo qualche eccezione, la cultura musicale tra Otto e Novecento si sviluppò in sedi extra-istituzionali.* (Sanguinetti, 2003)

Riprendere il discorso da qui, da queste consapevolezze, potrebbe forse contribuire a gestire in modo diverso e serio la questione musicale in Italia. Diversamente, non saranno certo decreti o riforme-lumaca a modificare le cose. Scriveva alcuni anni fa Vittorio Gelmetti, compositore "noto, ma sospetto":

> *Dico che la musica è un prodotto assolutamente inutile nel senso che l'utilità oggi ha assunto. Non modifica le strutture della società e del mondo, non serve a sopravvivere, ma a vivere sì. Indubbiamente gli strumenti della rivoluzione sono altri: per prendere il Palazzo d'Inverno serve Lenin e non Schönberg, evidentemente. [...] Viviamo oggi, noi tutti, in una certezza della morte, della fine di un arco storico. [...] Tuttavia non ci sono tante alternative: non rimane che saper morire bene, con dignità e fantasia.*
> (Gelmetti, 1984)

Riferimenti bibliografici

Drucker, Peter F. (1998), *The Coming of the New Organization*, in: «Harvard Business Review on Knowledge Management», Harvard Business School Press, 1-19;

Drucker, Peter F. (2007), *The essential Drucker*, Burlington (MA), Butterworth–Heinemann;

Forino, Luigi (1930), *Come si studia nei Conservatorî di musica. Considerazioni e proposte*, Roma, Edizione dell'Annuario Musicale, p. 24;

Gelmetti, Vittorio (1984), *Nostalgia d'Europa. Intervista di Francesco Moscardelli. Prefazione di Gianfranco Záccaro*, Roma, Edizioni Le parole gelate;

La Face Bianconi, Giuseppina (2004), *Comprendere la musica: sapere e saper fare*, in: Il Saggiatore musicale, n.3-4, 31-35;

Leoni Stefano A.E. (2011), *Musica tra sapere e saper fare*, in: P. Barrotta, G.O. Longo, M. Negrotti (a cura di), *Scienza, tecnologia e valori morali. Quale futuro?*, Roma, Armando Editore, p. 117-130;

Maione, Orazio (2005), *I Conservatorî di musica durante il fascismo. La riforma del 1930: storia e documenti*, Torino, EDT, p. 22;

Marzo, Franco (2006), *Music Manager: esperienza musicale e arte manageriale. La formazione alla ricerca dell'energia e della passione*, Milano, F. Angeli;

Marzo, Franco (2008), *Il modello B.A.C.H., Business Analysis of Corporate Harmony. Alla ricerca dell'ispirazione eccellente*, Milano, F. Angeli;

Orefice, Giacomo (1918), *Conservatorio o Università musicale?* in «Rivista Musicale Italiana», XXV/3-4, luglio-dicembre 1918, pp. 462-480;

Pannain, Guido (1919), *La Musica e l'Università*, Napoli, Sebezia, p. 12;

Pizzetti, Ildebrando (1909), *I nostri Istituti Musicali*, in «La voce», I, 37, 26 agosto 1909;

Ryle, Gilbert (1949), *The Concept of Mind*, Chicago, The University of Chicago Press; ultima trad. it. *Il concetto di mente*, Bari, Laterza, 2007;

Sanguinetti, Giorgio (2003), *La formazione dei musicisti italiani (1900-1950)*, in: Guido Salvetti, Maria Grazia Sità (a cura di), *La cultura dei musicisti italiani nel Novencento*, Milano, Guerini, pp. 15-16.

La musica come professione / di Massimo Negrotti

(Massimo Negrotti, già Ordinario in Sociologia,
Università di Urbino Carlo Bo)

Secondo il modello economico proposto da Colin Clark nella seconda metà del secolo scorso, la professione musicale è classificabile all'interno del settore terziario, quello dei 'servizi' il cui obiettivo non è la produzione di oggetti fisici bensì di attività non materiali, quale l'educazione, funzionali agli altri settori e richieste dal mercato o dalle istituzioni pubbliche.

Entro questa eterogenea classe di attività, tuttavia, si possono individuare differenze su vari piani. Quella che qui ci sembra più rilevante riguarda il rapporto fra il professionista e coloro che usufruiranno dei suoi servizi. Da uno studio di ingegneria, per esempio, ci si aspetta una progettazione che garantisca efficacia ed efficienza in circostanze reali diverse per cui la competenza tecnica, incluse le possibili innovazioni, assume un ruolo dominante. Al contrario, nel mondo dell'educazione superiore e della ricerca, e dunque degli stessi Conservatorî, la componente tecnica è solo una faccia della medaglia, pur indispensabile, poiché la componente che definiremo sinteticamente creativo-culturale, diviene fondamentale e riguarda, nel caso della musica, non solo le trasformazioni linguistiche, stilistiche e sintattiche della composizione e dell'esecuzione ma anche l'acustica, la timbrica e la tecnologia strumentistica.

Nel caso degli ingegneri, le facoltà universitarie devono conoscere e tenere conto delle esigenze del 'pubblico' (mercato delle imprese) per assegnare ai futuri professionisti la capacità di fornire servizi affidabili e dunque prevedibili. Nel caso dei Conservatorî, invece, l'obiettivo è la formazione di esecutori che, insieme al più alto livello tecnico possibile, siano in grado di proporre prestazioni persuasive (i concerti) ed 'uniche', dunque sempre di fatto diverse sotto il profilo interpretativo e non ripetibili pur nelle stesse condizioni. In fondo, tutto questo pone i Conservatorî sullo stesso piano delle facoltà scientifiche nel senso che, in ambedue, l'avviamento alla ricerca, sia nei termini di conoscenza del mondo naturale sia nei termini di conoscenza musicale di indole interpretativa o compositiva, costituisce la vera finalità ultima del processo educativo.

Il rapporto col 'pubblico', a questo punto, assume un carattere decisivo poiché sia la ricerca scientifica sia quella musicale non fanno riferimento, nella loro produzione, alle sole comunità degli addetti (la comunità scientifica o quella dei professionisti della musica o della critica) ma al pubblico nei suoi tratti più generali.

L'analogia fra ricerca scientifica e musica, pur avendo radici antiche, quanto meno da Tolomeo a Rameau o Leibniz, e pur essendo utile ancora oggi, sotto il profilo descrittivo di due tipi di prestazione professionale di ordine intellettuale, si esaurisce proprio nel momento in cui si pensi alle aspettative del pubblico nei confronti di queste due forme di attività professionale così come si presentano attualmente. Alla scienza il pubblico chiede conoscenze nuove e affidabili sullo stato delle cose mentre alla musica, cioè alla composizione e all'interpretazione, chiede un genere di conoscenza che si traduca, in senso lato, in emozioni. Come conseguenza, la consuetudine e il controllo reciproco fra scienza o musica da una parte e il pubblico dall'altra, assumono forme molto diverse.

Nella fattispecie musicale, che si tratti del pubblico di corte di un tempo o del pubblico generale contemporaneo l'incontro fra esecutori e ascoltatori possiede la duplice natura di liturgia e, appunto, di mutuo controllo. Liturgia perché la pratica collettiva della partecipazione ad un concerto, dell'"andare al concerto", assume non raramente funzioni sociali di relazione o di esibizione della propria vocazione elitaria che si sovrappongono e, in taluni casi, si sostituiscono alla finalità di fruizione artistica in quanto tale. Di mutuo controllo perché, da un lato, il pubblico pagante esige qualità ed è pronto a cogliere e segnalare in vario modo le imprecisioni esecutive o la scarsa persuasività dell'interpretazione, dall'altro perché gli stessi esecutori, solisti o orchestre, sanno o credono di sapere su quali modalità esecutive e su quali repertori puntare per commuovere il pubblico, esattamente nel senso latino del "porre in movimento" cioè generare emozioni. Tutto ciò senza però dimenticare che, accanto alla ripetitività professionale dell'attività concertistica dei repertori più consolidati, la ricerca e dunque l'innovazione interpretativa e la stessa attività compositiva sono ovviamente e storicamente al centro della questione e costituiscono il momento insieme il più attraente e il più rischioso dell'attività musicale. Di fatto, questi sono i momenti in cui, all'interno dell'ampia categoria dei musicisti, si originano potenziali élites che prescindono dall'attenzione compiacente verso il pubblico, al quale le innovazioni vengono proposte senza alcuna garanzia anticipata di successo.

Quanto detto caratterizza il rapporto fra musicisti e pubblico nella sua versione tradizionale ma, ormai da tempo, la tecnologia ha generato una sorta di prassi concertistica parallela nella quale l'esecuzione è cristallizzata, ossia registrata attraverso vari protocolli elettronici. Va da sé che, fra l'esecuzione dal vivo e quella prodotta in sala di registrazione, sussistono differenze notevoli sia sotto il profilo acustico sia sotto il profilo tecnico-musicale, caratterizzato, fra l'altro, dalla eliminazione delle imprecisioni, sulla base, peraltro, di una costante tutt'altro che secondaria, ossia il testo musicale. Tuttavia la maggiore diversità è costituita da un'assenza, quella del pubblico come entità fisica, che interagisca col musicista *hic et nunc* ossia nel momento stesso dell'esecuzione. Il pubblico delle registrazioni è, per così dire, un'entità lontana, dispersa e sconosciuta e il rapporto con esso, reciproci controlli inclusi, svanisce del tutto o comunque assume una forma assai diversa. Per gli esecutori si realizza una situazione per certi versi ideale poiché essi sono chiamati all'interpretazione diretta del testo musicale, libera dai condizionamenti dovuti alla presenza del pubblico e dall'ansia che esso induce.

Va inoltre sottolineato che il passaggio storico dalla cosiddetta musica funzionale (per cerimonie, inni ufficiali e, per certi versi, musica di corte, ecc.) alla 'musica autonoma', ossia di testi e poi esecuzioni creati esattamente per porsi al centro dell'evento artistico, conferisce alla professione musicale un ruolo altrettanto centrale poiché l'esecuzione non è più fruita e valutata per la sua capacità di 'accompagnare' un evento sociale ma assorbe in sé l'intera attenzione dell'ascoltatore. In questo quadro, il pubblico delle esecuzioni registrate diviene un'immagine ideale con cui l'esecutore instaura una relazione univoca nella quale egli propone la sua propria visione musicale in attesa di un giudizio differito nel tempo.

A mio parere, l'aura o l'alterità irriducibile che Walter Benjamin e Theodor Adorno attribuiscono all'opera d'arte e, dunque, all'esecuzione musicale tradizionale, non scompare affatto ma, piuttosto, essa viene interamente assorbita, come a ben vedere è giusto che sia, dal testo del compositore e dalla interpretazione che gli esecutori, direttore in testa, ne danno sulla scorta della propria ricerca sia in termini musicali in senso stretto sia in termini culturali più generali. In ogni caso, la produzione di concerti attraverso la tecnologia della registrazione è un fatto irreversibile e, quel che più conta, fornirà crescenti opportunità di lavoro ai diplomati presso i Conservatorî.

L'ascolto stesso, a sua volta, cambia riservando all'ascoltatore la pianificazione personale di un programma nonché il riascolto e l'approfondimento *ad libitum* di parti specifiche. Anche per l'ascoltatore, insomma, vale la regola sopra citata poiché l'assenza di altri ascoltatori e della perturbazione in fatto di commenti o reazioni che inevitabilmente ne deriva durante un concerto dal vivo, non può che promuovere un rapporto diretto con l'opera musicale e la sua interpretazione. In definitiva, la disponibilità di registrazioni diverse della stessa opera musicale è sicuramente la base più solida sulla quale valutare un prodotto artistico che, per definizione, trova sicuramente la sua realtà nell'esecuzione ma sulla base del valore intrinseco della composizione.

Questo duplice modello di ascolto - in teatro e in registrazione - comporta ovviamente anche la duplicità della prestazione professionale degli esecutori e può anche agire da rivelatore del tipo di motivazioni che inducono ad avviarsi verso l'attività musicale come professione. In altre parole, nella triade costituita dal compositore, dall'esecutore e dal pubblico, quale ruolo gioca quest'ultimo nel motivare un giovane verso l'attività musicale? Fermo restando che l'essere ascoltato e approvato è un obiettivo strettamente inerente all'esecuzione, non è chiaro se la presenza o l'assenza fisica del pubblico siano dirimenti. Nelle risposte al questionario adottato nella ricerca qui presentata, fra le motivazioni indicate che hanno spinto all'iscrizione ad un Conservatorio, la grande maggioranza relativa (46.6%) si concentra sulla coppia Vocazione/Fascinazione.

Si tratta di una tendenza che andrebbe certamente approfondita ma che già in quanto tale indica la rilevanza della musica come forte attrattore in se stessa, presumibilmente, ma questa è solo un'ipotesi, indipendentemente da considerazioni sociologiche o di mercato delle professioni che tuttavia interverranno inesorabilmente in momenti successivi. Ad ogni modo, la vocazione e il fascino della musica agiscono anche sugli ascoltatori più genuini, siano essi soliti assistere a concerti dal vivo oppure fruitori di lavori registrati o magari di ambedue. Di conseguenza, il *matching* fra questi due poli finisce per essere il punto centrale che caratterizza il mondo attuale della musica. A parte la preparazione tecnica fornita dai Conservatorî, che qui diamo per scontata, il rapporto in questione è dunque di natura squisitamente culturale poiché la vocazione e il fascino della musica si concretizzano nell'incontro fra l'atto interpretativo delle idee del compositore tramite le idee dell'esecutore da un lato e l'esperienza d'ascolto del pubblico dall'altro.

Parlare di cultura, e di cultura musicale in particolare, significa peraltro entrare in un ambito assai complesso e variegato. L'unica cosa certa è che il ruolo dell'esecutore è fondamentale poiché, senza di lui, il testo musicale sarebbe fruibile solo da chi disponesse delle conoscenze linguistiche indispensabili per leggere e capire le intenzioni del compositore.

In fondo il termine che abbiamo qui adottato, cioè l'esecutore, sembra alludere conclusivamente al ruolo del musicista in quanto persona che semplicemente esegue quanto è scritto nel testo. Su un piano generale, è nota la persuasione di Igor Stravinskij secondo cui la 'musica è costruzione' e sono certo che ogni compositore partecipa di fatto a tale definizione. Ma l'esecuzione musicale non è mera attuazione ingegneristica di un progetto perché, se così fosse, una macchina sarebbe sufficiente e la traduzione dei segni notazionali in suoni avverrebbe senza dover fare i conti con quell'ambiguità che, invece, caratterizza l'opera d'arte. L'esecuzione, anche la più attenta alle prescrizioni scritte nel testo, è interpretazione del pensiero musicale di chi l'ha steso, per cui in questa arte esecutiva per eccellenza, è come se il compositore tendesse la mano all'esecutore contando sulla sua capacità di partecipare all'atto creativo. La grande varietà di interpretazioni di una stessa opera induce a comprendere, da un lato, quanto sia rilevante l'accoppiamento fra le due visioni musicali coinvolte e, dall'altro, quanto sia strategico che, nella formazione del professionista musicale, intervengano modalità educative tali da stimolare maieuticamente la riflessione su ogni singola opera e su ogni singolo autore in quanto elementi, appunto, culturali senza approfondire i quali il testo musicale rimarrebbe allo stadio di una pura struttura informazionale, un piano d'azione che attende solo di essere 'eseguito'. Una sorta di mappa magari brillante e architettonicamente perfetta ma che rimane in attesa dell'esperienza multiforme, viva e sensibile, del viaggio che propone.

Il Conservatorio una scuola diversa? / di Massimo Russo

(Massimo Russo è Ricercatore in Sociologia,
Università di Urbino Carlo Bo)

1. Scrivere sui/dei Conservatorî

Qual è il senso, il significato da assegnare allo scrivere sui Conservatorî in un'ottica sociologica da "semplici osservatori (ascoltatori) interessati? Dei Conservatorî devono, possono parlare esclusivamente gli "addetti ai lavori" e quanti in qualità di esperti sono accreditati e riconosciuti in possesso di sapere e conoscenza?

Il mondo dei Conservatorî è rimasto in genere assente dagli schermi, in particolare da quelli televisivi, ma la prima puntata della serie televisiva *La compagnia del Cigno* andata in onda il 7 gennaio 2019 ha avuto una media di 5,8 milioni di spettatori (con uno share del 24%), passati il giorno successivo a 5,3 milioni e ha suscitato non poche polemiche[1]. Parlare

---

1 https://www.giornaledellamusica.it/articoli/la-compagnia-del-cigno-e-limmagine-distorta-dei-Conservatorî-italiani

https://www.giornaledellamusica.it/news/il-Conservatorio-di-padova-contro-la-fiction-sui-Conservatorî di un mondo a cui non si appartiene presenta vantaggi e svantaggi. Da un lato l'indispensabile autonomia di "giudizio", riconosciuta basilare, con la possibilità di avvalersi di strumenti e teorie, senza risentire dell'investimento emotivo soggettivo nell'essere chiamati a sostenere o difendere, a priori, delle tesi. In questa ottica i Conservatorî sono qui considerati delle istituzioni formative a cui è assegnato il ruolo di trasmettere la conoscenza musicale e il "saper fare" musica, così da assicurare un futuro al passato. Indubbiamente i Conservatorî sono importanti e la crisi vissuta negli ultimi anni non può certificarne l'irrilevanza sociale. Sono molti gli italiani che pur consapevoli dell'alto tasso di analfabetismo musicale che ci accompagna, considerano l'ignoranza musicale, senza forma alcuna d'imbarazzo per questa lacuna che non ritengono così rilevante da richiedere la necessità di porvi rimedio. La musica nella scuola italiana ha sempre avuto un ruolo precario, di fatto marginale. È rimasta una disciplina, una materia che aleggia evanescente, per non dire spesso insignificante, nelle alule scolastiche. Raramente se ne riconosce il valore e la qualità, anche quando ci interpella direttamente e continuamente ci riguarda. Si dimentica che la musica ci forma, nel metterci in relazione con il nostro passato e presente e con tutti i nostri pensieri: è non solo cultura ma anche economia. Grazie alla Musica raggiungiamo una pienezza di vita altrimenti impossibile. Se la musica è considerata un mondo a parte ancora di più lo sono i Conservatorî,

---

https://www.giornaledellamusica.it/news/anche-il-Conservatorio-di-torino-protesta-la-fiction-la-compagnia-del-cigno

anche quando si ha memoria storica di alcuni Conservatorî che vengono citati per la loro importanza e il riconosciuto rilievo. I Conservatorî, a lungo un mondo impermeabile dall'esterno, rimangono un'importante istituzione formativa, fondamentale per intraprendere un percorso musicale. La loro storia, distaccati dall'attualità, corre il rischio di passare sotto traccia. Nel passato la frequenza del Conservatorio garantiva delle opportunità lavorative, ma queste nel corso degli anni progressivamente si sono ridotte.

Solo negli ultimi anni i Conservatori si sono progressivamente aperti all'esterno. Per molte generazioni sono stati luoghi importanti, indispensabili per aumentare la capacità di accedere a riflessioni e conoscenze indispensabili, per guardare alto e lontano. Non solo un obbligo burocratico indispensabile da assolvere, per acquisire un titolo tale da certificare l'essere diventati e riconosciuti quali musicisti. In pochi avvertono e comprendono l'importanza dei Conservatori, il ruolo decisivo svolto e che continuano a svolgere per le sorti della Musica. Molti Maestri che hanno dedicato le loro energie migliori, impegnandosi con la mente e il cuore a formare dei musicisti di valore, rimangono illustri sconosciuti, anche se le loro lezioni rimangono indimenticate e i loro nomi contano e rivivono nella memoria degli allievi. Sono quegli insegnanti che con chiarezza e passione hanno somministrato e trasmesso una parte importante del loro sapere e saper fare Musica. Il vero Maestro, anche se non mancano personalità egocentriche e narcisistiche, è tale soprattutto perché fa pensare in modo nuovo e talvolta anche a qualcosa a cui da soli non si era mai pensato.

I Conservatori, in tutta la loro eterogeneità, si presentano come un ambiente prezioso, inteso quasi sacro. La carriera del musicista va costruita passo dopo passo con audizioni e concorsi. L'apprendistato deve essere concreto ed efficace. Il talento musicale è un dono che come tanti altri è tutto da coltivare, bisogna prendersene cura, perché se lo si trascura inesorabilmente si indebolisce e si finisce col perderlo. È l'impegno, il lavoro fatto con attenzione e pazienza, svolto in modo costante e rigoroso che diventa significativo per ottenere dei validi risultati. L'entusiasmo, accanto alla disciplina e alla dedizione rafforza le motivazioni ed è importante, indispensabile per superare gli sforzi quotidiani. Attraverso la ripetizione lo sforzo diventa così automatico da non richiedere più fatica alcuna.

Quale importanza assegniamo alla musica nella costruzione del quotidiano? Oggi la musica è pervasiva, la si può ascoltare in diversi modi e luoghi, sia registrata che dal vivo, la si ha spesso gratis e con molta facilità. Ha perso il senso del Prezioso e del Magico. In tanti luoghi, contro la propria volontà, si è costretti ad ascoltare una musica che ha il sapore di banalità. Nella nostra vita quotidiana la musica è presente diffusamente negli ambienti che frequentiamo. Usata come "tappezzeria sonora" nei negozi, nei posti di lavoro, nelle abitazioni, alla guida. L'obiettivo della musica pop è legato alla capacità evocativa del testo. L'emozione sta nella canzone, con melodie, ripetitive e facili da memorizzare che nel presentarsi immediate suscitano emozioni meno strutturate. La musica pop si rivolge soprattutto al fruitore occasionale e attira l'attenzione dell'ascoltatore distratto. La si può definire una musica di puro intrattenimento. Non è impegnativa. Molte canzoni pop dopo pochi ascolti ripetuti diventano noiose, a differenza dei pezzi classici capaci di aprire sempre nuove prospettive. È la durata del brano l'elemento caratterizzante. La Musica diffusa genera un'atmosfera di rumori in una poltiglia di suoni e voci indistinte che diventano segnali acustici. L'ascolto distratto, con la musica che fa da sottofondo, è riservato a una musica che passa in secondo piano rispetto a ciò che stiamo facendo. Una sorta di tappeto su cui ci si può appoggiare per rendere più piacevole l'esperienza e ciò che si sta facendo. L'ascolto appassionato e consapevole va fatto negli ambienti adeguati ed è la musica dal vivo, in cui si è partecipi e uniti all'emozione altrui, a essere coinvolgente. Disegnare ambienti è una vera e propria arte. La dinamica, i ritmi, le armonie e i timbri vanno studiati in modo accurato. Tutte le culture attestano la presenza di una forma musicale con elementi popolari destinata all'intrattenimento. E c'è anche una Musica concepita per essere ascoltata come sottofondo, proposta per arredare un ambiente con un "tappeto sonoro". La musica d'arredamento di cui è stato inventore Erik Satie deve essere ripetitiva. *Music for Airport* del 1978 è considerata la prima *ambient music* della storia. I suoni sono distribuiti, sospesi, non si aggregano in figure riconoscibili, ma al contrario fluttuano, in una vaghezza ricercata. Un tessuto armonico statico, privo di tensioni nel voler essere rassicurante. La ricchezza espressiva e il relativo interesse sono esclusi. Tutto è reso semplice e prevedibile, senza bisogno alcuno di fantasia e immaginazione. Il Novecento ha visto un proliferare di linguaggi musicali. A fare la differenza è il pubblico. Com'è cambiata la musica? Prima dell'avvento dei mezzi di riproduzione l'unico modo per ascoltare la musica era eseguirla di persona. Le nuove tecnologie hanno spinto verso un profilo nuovo e inedito. Quali i limiti della didattica attuale? È possibile proporre un modo rinnovato di ascoltare la Musica? Come potenziare le capacità di ascolto e dare senso all'ascolto? Se il pensiero illustrativo privilegia la lettura visiva il problema dell'ascolto non lo si può riportare alla soluzione figurativa dell'immagine. Il colore e il suono devono reagire insieme. Lo scontro riguarda la dissoluzione del tempo normale, del tempo della narrazione e della visualizzazione. La potenza straordinaria dell'ascolto sta nel saper ascoltare il silenzio che apre a diverse modalità di ascolto. Come risvegliare la facoltà dell'ascolto? Il silenzio interiore spesso è caoticamente sonoro.

Il compositore scrive la Musica che sente, in base alle nozioni e alle informazioni che possiede. I suoni vanno ascoltati e letti, scoperti sia nello spazio che nei silenzi. Come potenziare le capacità di ascolto? I suoni non stanno e non si comunicano solo lungo un asse, ma si muovono di continuo intorno alla nostra percezione. La capacità di superare le contrapposizioni, riapre costantemente al tutto possibile. Ogni suono, carico di responsabilità, procede dal Nulla e nel suo darsi si presenta come sospensione e sporgenza. Se nel silenzio c'è l'attesa, l'immagine e la fantasia, nella percezione c'è la dimensione creativa. Nel riscoprire il mondo in sé la Musica permette di capire il mondo in maniera più ampia.

2. Per diventare musicisti basta il talento?

Grazie alla musica si riescono a esprimere in forma universale emozioni e passioni. Riconosciamo la musica che si legge, si interpreta e si ascolta, come la più complessa tra le espressioni artistiche e proprio per questo richiede un insegnamento lungo e metodico (D. Baremboim, 2014). L'apprendimento si struttura come formazione continua. La musica classica continua a essere bella e attuale (A. Rollando, 2019). Nel senso comune bisogna "essere portati alla musica", quasi a voler sottolineare che è più facile nascere musicisti che diventarlo. Uno stereotipo nel tempo mitizzato che ripropone il guardare alla musica come a un "fenomeno d'élite". Un po' un paradosso, quando la formazione elitaria si rivolge alla massa, soprattutto nella versione pop. È difficile accettare che la musica costi fatica. Come in tutte le "arti e mestieri" la tradizione, il vissuto familiare sono dei punti di riferimento e i musicisti non rappresentano un'eccezione. È più facile diventare musicisti se si nasce in una famiglia (musicale) di musicisti, ma lo stesso vale anche per altre arti (Raffaello era figlio di Giovanni Santi) e mestieri, professioni che si tramandano di padre in figlio. Ennio Morricone ricordava come il padre che lui ci teneva a chiamare "trombista" gli mise davanti una tromba affermando "questa come ha dato da mangiare a me, darà da mangiare a te" (E. Morricone, 2016). Salvatore Accardo racconta del padre che incisore di cammei, amante della musica, ma senza istruzione alcun in proposito, sin dall'infanzia abbia voluto fare di lui un musicista (S. Accardo, 2012). Riccardo Chailly ricorda d'essere stato a undici anni "investito da una fascinazione assoluta" all'ascolto per caso all'Auditorium del Foro Italico in compagnia del padre, della prima sinfonia di Mahler. (R. Chailly, 2015). Per Luigi Nono si rivelerà essenziale l'incontro con Bruno Maderna a 24 anni (L. Nono, 2019). L'apprendistato è fondamentale e di estrema importanza, così come lo ritroviamo riconosciuto nelle biografie sia umane che artistiche. Lo studio della musica è un mistero che passa attraverso l'essere spronati a padroneggiare la tecnica, all'altezza delle sfide che si presentano. Gli argomenti musicali sono complessi ed è estremamente difficile arrivare ad esprimerli con un linguaggio semplice e comprensibile, da tutti, senza sforzo alcuno. La musica permette l'interconnessione, di stringere relazioni e dare senso ai diversi livelli del divenire della realtà, in un dialogo continuo. Produce armonia e bellezza. Nella musica l'atto creativo abbraccia la realtà nella sua quasi totalità, per fissare in forma scritta un pensiero da strutturare in chiave sonora. La musica è qualcosa che si riesce a spiegare da sola, ascoltandola e facendosi attraversare dalle emozioni che è in grado di generare, in tutta la loro potenza. L'ascolto fa scoprire la musica, in modo inaspettato. La musica, alla portata di tutti, fruita nel puro piacere dell'ascolto, continua a parlarci. Supera, raccontandolo e dandocene testimonianza, il tempo, anche quando poi arriva a suoni per molti incomprensibili, simili a rumori, senza voglia alcuna di ascoltarli. Com'è variata l'esperienza musicale e come va cambiando l'istruzione musicale nell'epoca del digitale? Cosa vuol dire essere musicisti? Si nasce (raramente) con un talento da musicista. Lo studio della musica coinvolge la mente e il corpo e richiede un impegno costante. Apprendere i primi rudimenti musicali necessita abilità intuitive da esercitare e addestrare sin dall'infanzia per essere progressivamente affinate. Le abilità musicali si sviluppano molto presto. I bambini imparano a suonare ascoltando e ripetendo di continuo frammenti musicali, ritmi e melodie proposti nel corso della giornata, così da risultare familiari, ma fondamentale è il ruolo dell'insegnante quale maestro di riferimento.

3. Il lavoro del musicista

Senza pubblico la musica, in quanto emozione condivisa che gratifica, non può avere senso. Un tempo la musica, pur se assenti le possibilità fornite dalle tecnologie che permettono di registrarla e riprodurla, era vivamente parte integrante della quotidianità. Ancora oggi nell'immaginario collettivo il lavoro del musicista rimane e riguarda una professione insolita, eccentrica, strana, ma, anche se pochi realmente lo conoscono, affascina. Una minoranza, oltre agli addetti, riconosce quello del musicista come un mestiere "bellissimo," ma faticoso, esigentissimo, che necessita un impegno e una concentrazione considerevole. In tanti non considerano, non ritengono quella del musicista, un lavoro, un mestiere, un'occupazione, una professione seria. La professione del musicista spesso è considerata più un passatempo e manca del valido riconoscimento. È difficile accettare e considerare quello del musicista come un lavoro specializzato che richiede una preparazione accurata e specifica. Per avere il necessario controllo e l'indispensabile padronanza dello strumento bisogna studiare ed esercitarsi quotidianamente, continuando a imparare e migliorarsi. Sono i più bravi e fortunati, che hanno manifestato capacità eccellenti fin dall'inizio, a fare i solisti. Il bravo solista, dall'altissimo livello di studio e perfezione tecnica, si deve sapere muovere a suo agio ovunque.

La musica la si impara con dedizione, impegno e passione, fortemente motivati e sospinti, di volta in volta, nel superare gli ostacoli che si presentano, dalla volontà e dell'ambizione, dall'umiltà e dalla tenacia. Per vivere ciò che in tanti sognano bisogna dedicarsi pienamente allo studio, spesso sacrificando, per poter realizzare i propri sogni, anche l'infanzia e l'adolescenza. Sono scelte soggettive molto delicate. Lo studio di base va fatto al momento giusto. Bisogna elaborare un metodo, concentrarsi e controllare il corpo. La disciplina e lo studio sono fondamentali, ma ci vuole anche costanza e determinazione.

I corsi specifici sono elitari. La musica è un'arte misteriosa e ha bisogno di tempo. Il processo di apprendimento è faticoso per acquisire la competenza tecnica. Nel fare musica insieme con gli altri bisogna essere capaci di rimettersi in discussione, in un confronto fatto di cooperazione e cooperazione. Lo studio dello strumento, nel formare il carattere e la mente, porta ad allargare gli orizzonti. La didattica negli ultimi anni ha fatto passi da gigante, anche se l'insegnamento musicale, manca di un adeguato riconoscimento, all'interno del curriculum scolastico e rimane scarsamente valorizzato. La musica che pur storicamente ha contraddistinto la cultura italiana rimane così confinata nella sfera dell'intrattenimento, in un percorso limitato che porta a ignorare il "sapere musicale", dimentichi che molte forme e generi musicali sono nati e cresciuti proprio in Italia. Perché continuare a ignorare la musica in quanto prodotto culturale e valore educativo? Se s'ignorano i criteri musicali di base non si può avere un ascolto consapevole. L'educazione musicale ha una sua funzione formativa specifica con dei riscontri sul piano psichico e neurologico. È imprescindibile conoscerne la semantica, per analizzarne gli elementi fondamentali del linguaggio.

La musica è un apprendimento sociale e culturale nutrito di pazienza e competenza. Per poter apprezzare la musica bisogna diventare degli ascoltatori attivi, in grado di percepirne la bellezza e la complessità. La musica quale attività che si svolge dal vivo e accomuna, comporta il mettersi in gioco insieme agli altri. È il maestro che tramanda il sapere, mentre spetta all'allievo saperlo apprendere.

4. La vita musicale

La preparazione di un concerto, richiede l'affidarsi ad agenti e intermediari, con prove costanti fatti di giorni, settimane e mesi di impegno. La Musica trasporta in uno stato ai confini tra il sogno e la realtà, la coscienza e l'incoscienza. Ha un impatto potente sull'animo umano. Prima dei mezzi di riproduzione e diffusione di massa, per ascoltare la musica bisognava suonarla e per ballare doveva esserci qualcuno che suonasse. La fruizione domestica della musica si ebbe con l'invenzione del fonografo da parte di Thomas Edison (1872). In particolare la diffusione della musica leggera ha cambiato il ruolo della musica nella vita quotidiana. La musica, un tempo prerogativa quasi esclusiva dei benestanti, diventa una consuetudine nelle famiglie borghesi. A diffondersi velocemente è il genere musicale della canzone, con la tipica linea melodica della canzone semplice e orecchiabile, ispirata spesso a temi e danze di origine popolare. La struttura essenziale costruita con strofa e ritornello, l'accompagnamento eseguibile anche da un singolo strumento, il testo, facile da capire, di argomento spesso sentimentale o di carattere amoroso. Melodie allegre e spensierate, testi piuttosto banali e insignificanti o di tipo propagandistico. Nella società pervasa totalmente dai media il suono in tutte le sue forme satura ogni istante della nostra vita. La musica, nel confronto profondo con l'animo umano, aiuta a vivere. La scelta di studiare musica è frutto di una reale volontà individuale o diversamente fa parte di un piano educativo genitoriale? Per dedicarsi alla musica da professionisti, è basilare la consapevolezza di ciò che si desidera realmente. Il percorso va impostato sin dalla prima infanzia, da bambini. Nell'educare è importante fornire tutti gli elementi possibili, in forma progressiva. Per imparare la musica bisogna mettere in campo una serie di abilità molto complesse, sensibili, precisi e concentrati. Nell'insegnamento di uno strumento entrano in gioco molti fattori, ma il rapporto fondamentale è quello tra il Maestro e l'Allievo che da soli si ritrovano a stare accanto o l'uno di fronte all'altro, per un tempo lunghissimo. Un'esperienza sul campo, viva e vera, dove si condividono dubbi, paure e responsabilità. Quanto viene spiegato va studiato e ripassato, per capire come insegnarlo nel modo migliore. Ogni allievo è unico, diverso dall'altro, con in sé punti forti e punti deboli. Il Maestro ha il compito di correggere e incoraggiare, con esercizi mirati per individuare e trovare la propria strada. Il comportamento fermo, ma comprensivo genera ammirazione e fiducia. L'insegnante deve essere paziente, nel tracciare e stabilire le rotte da seguire, affianca l'allievo nel progresso evolutivo, offrendogli, nell'intero percorso, l'indispensabile orientamento a cui riferirsi, affinché nell'itinerario ci sia uno sviluppo costante. Si tratta di intuire applicandosi, affinando le tecniche, in una pratica di assimilazione per migliorare il dare senso e significato al suono, superandosi, riconoscendo nuove possibilità esecutive e interpretative. Al docente è richiesta molta pazienza, al discente spetta costanza e determinazione. Il talento va coltivato con perseveranza e studio. L'impegno continuo e metodico ruota intorno alle lezioni. Ma il fulcro è dato dal lavoro che l'allievo deve svolgere a tu per tu con lo strumento, in un susseguirsi di paziente ripetizione. L'esercizio costante e l'impegno quotidiano portano a un progressivo miglioramento. Nello studio bisogna saper individuare gli errori, per correggersi, provando e riprovando, senza perdere la pazienza, addestrando l'orecchio. L'insegnante deve incitare con coraggio e fermezza, per migliorare attraverso la fatica dello studio. Con l'evoluzione dell'apprendimento aumenta la complessità dei contenuti e dello studio. La postura è il primo elemento da considerare quando s'inizia a studiare uno strumento, in modo tale che ogni parte del corpo sia connessa con l'emissione del suono. Il corpo va unito allo strumento in forma ottimale, è la posizione corretta che ottimizza i movimenti e aiuta a suonare meglio. Si producono i risultati migliori con il minor sforzo possibile. Per mantenere agili le dita ed elastiche le labbra bisogna esercitarsi costantemente. Studiare uno strumento richiede la massima concentrazione, nel calibrare con efficacia le azioni musicali, è come una lunga maratona. La ripetitività è necessaria per perfezionare i movimenti da eseguire e apprendere progressivamente le cose più complicate. S'impara a suonare una nota alla volta con errori e correzioni, fallimenti e risultati conseguiti. Lo strumento è prezioso e bisogna prendersene cura. Talento e predisposizione si denotano nella conoscenza intuitiva della musica "a orecchio", sono in molti che riescono a suonare con passione, anche se non conoscono il linguaggio musicale. L'ascolto, concentrati nel progredire, va fatto anche con gli occhi. Consapevoli che non si tratta di sterili esercizi, ma di chiavi indispensabili, da padroneggiare, per accedere in un mondo sempre più complesso. La musica è una scelta di vita che richiede studio, pazienza, metodo e concentrazione. Fiduciosi che i risultati attesi, proseguendo con un impegno costante, arriveranno di certo, pur se lentamente. La fatica alla fine sarà ripagata ampiamente dalla soddisfazione. Molte sono le materie da conoscere. Il percorso di studi non si può esaurire nello studio prettamente tecnico dello strumento che pur fondamentale non basta per riuscire a essere espressivi e quando si suona in pubblico bisogna avere tutto sotto controllo. Il Maestro guida pazientemente con spunti e riflessioni nuovi. Il cammino arduo, dove le soddisfazioni, sicuramente non mancano, richiede la capacità di mettere insieme talento e impegno. La musica ci appartiene, è uno stimolo uditivo articolato in maniera complessa. Percepirla e comprenderla in modo più completo può dare solo benefici. Il cervello elabora la musica in maniera gerarchica e distribuita. Sono molti i processi percettivi che si svolgono in contemporanea in aree cerebrali diverse, con circuiti differenti che ne processano le varie componenti. Le risposte emotive e intellettive a livello cerebrale sono diverse, a seconda anche dei diversi tipi di musica. L'ascoltatore che ha approfondito lo studio ed è più competente attiva la parte sinistra, quella più razionale che si occupa dei processi logici. La musica barocca riduce la frequenza cardiaca e il respiro, mentre il rock l'incrementano. Nel lavoro del musicista c'è l'immaginario, la traduzione e la mediazione.

Spetta al direttore d'orchestra tenere il tempo e mostrarne l'andamento. La formazione musicale non va riservata solo a chi ha del talento in quanto ogni essere umano ha delle attitudini musicali. È stata Maria Montessori a parlare per prima di educazione musicale del bambino piccolo, in età prescolare, attribuendo all'educazione musicale una funzione essenziale per sua la formazione. L'educazione musicale montessoriana stimola le capacità di attenzione e concentrazione, arricchisce, sviluppa sia le abilità intellettive, che quelle logiche, intuitive, creative e comunicative. Fondamentale è apprendere il linguaggio musicale sia astratto che scritto. Un apprendimento che passa attraverso l'ascolto, dove l'uso degli strumenti sviluppa la manualità le filastrocche e i canti articolano il linguaggio, raggiungendo il consolidamento motorio e incrementando la socialità grazie alle attività collettive. Si affina il gusto, si sviluppa la capacità critica e il controllo delle emozioni. Per Maria Montessori (M. Montessori, 2018) ogni gruppo umano ama la musica. L'umanità in ogni parte del mondo conosce la musica e la danza. La musica che unisce in un grande insieme come il linguaggio ci distingue dagli altri animali. È, deve essere un bene comune, di facile accesso a tutti. La musica amplia il bello, arriva a placare l'anima e lascia un senso di armonia ed equilibrio. Genio, talento e soprattutto lo studio fanno la differenza. La musica ha il potere di sviluppare armoniosamente l'animo dell'essere umano? Nel *Cortegiano* di Baldassarre Castiglione si sottolinea come la musica sia un elemento centrale per educare e formare il perfetto gentiluomo. La musica che rende l'animo appassionato smuove la sfera sia emotiva che emozionale del pubblico. L'esecutore, attenendosi alla prassi musicale del tempo, ne restituisce lo splendore originario e rende la musica nel modo più autentico possibile. L'ascoltatore che conosce il linguaggio musicale, comprenderà meglio la Musica e l'apprezzerà di più. Un brano musicale esiste per essere ascoltato e condiviso, e arrivare a una sua piena realizzazione. Oggi i programmi di concerto presentano brani di epoche diverse e spesso anche lontanissime. Un tempo si eseguivano solo i brani di autori in vita, composti appositamente per i committenti, che potevano essere anche loro stessi gli esecutori. Nel recuperare il passato, anche se il passare del tempo muta le cose, i capolavori continuano a parlarci. Cambia la capacità di ascoltare, così come gli stessi gusti del pubblico, le possibilità sia compositive che esecutive, per gli influssi culturali e artistici, degli eventi storici, politici e sociali. Per una collocazione giusta alla musica e un giusto valore ai musicisti ci vuole tempo. Nel XX secolo assente uno stile dominante i compositori hanno creato generi molto diversi. Dove risiede il senso della musica? In tanti pensano che la musica classica sia qualcosa di molto serio da studiare al Conservatorio e ascoltare eseguita da musicisti compassati in circostanze eleganti ritenute esclusive. Un piacere raffinato riservato a intenditori che hanno una certa età. Molti ritengono che suonare sia una questione di tecnica e di esercizio ostinato, appannaggio di geni solitari, in una dedizione assoluta. Comprendere la musica significa anche comprendere le persone che la scrivono e la suonano. La musica che suscita desideri intensi, piace, entusiasma ed emoziona, nel commuoverci si imprime in noi stessi e ci mostra come siamo. Come gli strumenti modulano la musica e come la musica, seguendo delle regole, rappresenta le emozioni? Quali meccanismi esercitano un ruolo importante nella creazione musicale? Oggi Internet, risorsa formidabile per reperire informazioni, consente ascolti musicali, prima impensabili. La musica esprime emozioni in vari modi e il suo lato emotivo è molto complicato. La reazione emotiva è unica per ogni ascoltatore. I sentimenti anche quando sono universali sono pur sempre individuali.

Nella musica ritroviamo l'eco del mondo magico e il mistero dell'universo. La musica è un fenomeno di "relazione emotiva" (F. Mussida, 2019). Come studiarne gli effetti? Nella Musica, i cui significati restano nascosti ci si riconosce, oltrepassandone i confini. Ha un potere trasformativo ed educativo, ma quali trasformazioni innesca nella vita interiore e affettiva e come afferma il suo potere educativo? L'educazione musicale sviluppa le capacità percettive e motorie, plasma le abilità umane, così come potenzia le abilità cognitive e rende più flessibile il pensiero. Quali trasformazioni la Musica induce? Fa crescere la capacità di leggere il rapporto con se stessi e in relazione agli altri. Fa diventare più riflessivi rispetto ai propri passati interiori. La musica apre a domande affascinanti e inaspettate. Può rendere visibile e osservabile il non visibile, richiamando la struttura affettiva. Ci fa vivere l'ascolto dentro di noi, riconoscendoci nella trama dell'interiorità costituita da luci e ombre, flussi emotivi e pensieri. Nella riflessività siamo capaci di osservarci e metterci in "contatto", nell'ascolto e nel dialogo con il proprio vissuto simbolico ed emotivo. La Musica nella sua forma più classica e pura diventa una grammatica generativa che propone la comprensione profonda di se stessi. In ogni brano musicale c'è un invito al divenire del pensiero, inteso in forma processuale e relazionale. Andare incontro alla Musica assume il significato di qualcosa che va oltre al semplice ascolto. L'invito è ad accedere a una riflessività aperta al sentire, in un ascolto attivo di cui si è, si diventa, partecipi. L'orecchio va affinato, per lasciarsi guidare, ma anche sorprendere dai movimenti sonori e musicali proposti. Nel vero incontro musicale si vive un'esperienza sia emotiva che riflessiva. Nuovi stimoli attivano le emozioni sopite, per trovarne di nuove, nel riflettere su di sé, interrogandosi. Il dialogo si fa intimo in rapporto alla propria storia emotiva unica e irripetibile che si riconosce raccontata dal brano musicale. Nell'ascolto bisogna essere "generosi", capaci di sospendere i giudizi. La Musica appartiene alla natura umana ed è parte integrante di essa, ha delle conseguenze. Provoca sensazioni, emozioni, sentimenti, stati d'animo, in un vero e proprio clima emotivo. L'energia emotiva dello spazio interiore permette di sentirlo vivo e abitato, anche oggi che si assegna un ruolo preponderante all'immagine rispetto al suono. La musica dialoga con la struttura emotiva dell'ascoltatore, risuona e dialoga con gli affetti, in cui si riflette. Nella comunicazione emotiva l'esperienza dell'ascolto si confronta con la propria personale sensibilità emotiva. La struttura emotiva ci accomuna, ma ognuno la personalizza. Musica e persona si compenetrano e arrivano a essere una sola cosa. Che uso si fa della Musica? E qual è l'effetto che all'ascoltatore interessa veramente? Tra Musica ed emozioni si creano di continuo delle relazioni. Il suono è la cosa più importante per orientarci nel buio totale. La musica accende emozioni, sentimenti e stati d'animo. La realtà emotiva appartiene all'oscuro della coscienza che la musica accende, per rischiararla, con il suono che si trasforma in emozioni e sentimenti. La percezione accomuna quanti amano la Musica nel godere in pieno dell'energia del sentire. La risonanza è il principio musicale e fa da preludio all'armonia. Le capacità percettive sono fisiche, intellettuali, emozionali e richiedono attenzione. L'autocritica diventa una verifica continua in relazione sia con se stessi che con gli altri. La tecnica offre dei mezzi in grado di inventare dei linguaggi musicali nuovi. Per diventare musicisti bisogna dedicarsi allo studio, agli esercizi e acquisire la tecnica. Basta il talento? Il talento è solo il primo di una serie di gradini e chi lo possiede si ritrova con una dote in più. La perseveranza nello studio è necessaria. I metodi di studio aiutano a progredire. È la perseveranza nello studio che fa la differenza. In un procedere preciso e graduale. La musica sviluppa delle capacità, a partire dalla memoria, dalla sensibilità ritmica, la disciplina nello studio è indispensabile per la formazione, in un processo di apprendimento che si fonda sull'imitazione. La musica, il cui impatto è straordinario, è una risorsa culturale che non può essere ignorata. Quali le motivazioni e le aspettative? Le tradizioni familiari sono importanti.

L'istruzione musicale richiede impegno e preparazione di qualità, straordinari per raggiungere i traguardi prefissati.

5. L'esperienza del Conservatorio

Quale visione del mondo dei Conservatorî si ha? Il Conservatorio richiede un impegno che, determinati a migliorare, e identificare in piena autonomia il proprio cammino da seguire con disciplina, potrà risultare anche una prova dura. I Conservatorî, riconosciuti come spazi e luoghi dove s'insegna e si trasmette il sapere musicale, hanno una lunga storia e tradizione. Negli anni hanno sempre cercato di mantenere una loro autonomia e identità. Alla base del mondo del Conservatorio c'è la trasmissione dell'esperienza musicale e della sua specificità, in modo tangibile ed evidente. La metodologia didattica solida richiede un considerevole impegno. Per dare impulso alla rinascita dell'attività musicale, bisogna tenere conto che le risorse economiche per la cultura in Italia sono sempre state scarse.

Come sono ridefiniti e adattati i Conservatorî sul piano istituzionale, rispetto alla precedente autorità verticale e paternalista che a lungo li ha caratterizzati? Negli ultimi anni si è risvegliato un dinamismo più profondo, con l'introduzione di diverse e fondamentali innovazioni, alla ricerca di un sostegno culturale e istituzionale. Agli inizi degli anni '60 c'era già stato un cambiamento intellettuale, con l'affermarsi di una nuova concezione sia educativa che formativa.

La musica è la manifestazione di un pensiero che trae ispirazione e fondamento dalla realtà. Tra l'insegnante e l'allievo si avvia un contatto profondo, di rassicurazione e chiarezza, orientati e sostenuti nella capacità di ricevere l'insegnamento che richiede l'essere presente, l'uno rivolto all'altro, per realizzare una trasmissione ideale. In questo contesto l'esperienza tattile, indicata anche con lo sguardo, si accompagna all'ascolto: è una prova regina che completa l'esperienza sonora. Ci si riconosce nel maestro, grazie alla constatazione empirica, sonora, tattile e visiva, mediata dai sensi, con continue regole, da sviluppare e strutturare. Per l'esperienza sensoriale è necessaria e fondamentale trasmettere la conoscenza, concentrati, attenendosi agli insegnamenti e alle ulteriori spiegazioni ricevute.

6. La cultura musicale: quando la ri-conoscenza ripaga

La musica che entra a far parte in modo naturale della vita della famiglia, coltiva il buon gusto e costruisce il carattere, nel rispetto degli altri e delle regole, affinando le proprie sensibilità. Deve poter svolgere un ruolo prioritario nella società e nella vita dell'uomo. Nell'ottica educativa la musica giunge a comunicare in modo efficace e fa vivere meglio la collettività. È un valore aggiunto per sviluppare libertà, autonomia, collaborazione, partecipazione, rispetto e solidarietà.

In ogni bambino c'è un talento tutto da sviluppare. L'apprendimento della musica è un atto cerebrale. Gli esercizi sono necessari per risvegliare l'espressività e la musicalità degli allievi. L'obiettivo è uno sviluppo parallelo e integrato della mente, del corpo, della sfera emotiva e dell'estro creativo. Il corpo trova il piacere di espandersi in sintonia con la musica. L'orecchio educato acquisisce una comprensione musicale globale e profonda. La consapevolezza corporea sviluppa ed educa le capacità creative e artistiche, collabora e si adegua, nel rispetto di sé e degli altri. Basti pensare alla voce che è uno strumento naturale e accessibile a tutti e permette di vivere in modo creativo l'esperienza musicale e di sviluppare l'orecchio. Spetta alla scuola pubblica diffondere la cultura musicale e impegnarsi ad abolire l'analfabetismo musicale. Bisogna lavorare sulla musicalità presente nella competenza di base. Il "fare musica" in forma attiva coinvolge la voce e il divertimento. Un brano musicale ha vere e proprie affinità con l'organismo vivente, con il canto che favorisce sia l'adattamento che la socializzazione e aiuta a un utilizzo espressivo della voce. La Musica permette il lavoro simultaneo dei due emisferi cerebrali e coinvolge sia l'affettività che la capacità di relazione, fa crescere meglio e crea individui completi. Segue procedimenti compositivi che si evolvono nel tempo e fa da sfondo raccontando l'anima umana nel divenire del tempo. Smuove nel profondo un contenitore ampio e articolato, di innumerevoli elementi legati alla nostra esperienza formativa e alla nostra cultura. Il frammento simbolico subito riconoscibile lo si canticchia con facilità. La musica che si sviluppa in modo coerente, forma strutture che sbocciano e vivono di vita propria, in un equilibrio tra caos e ordine, prevedibile e imprevedibile al contempo. In ogni periodo storico si compone e si ascolta a modo proprio, con i criteri artistici, filosofici, religiosi e sociali nel momento. Gli stili si mescolano, si sviluppano in modo inaspettato, in un'evoluzione continua e graduale. Come cambia la percezione di chi ascolta?

7. Essere bravi musicisti

Genio e talento da soli non bastano, fondamentale è il lavoro duro.

Il mestiere del musicista è più faticoso di quanto s'immagini. I professionisti della musica si confrontano e s'impegnano sempre più in ambiti molto diversi. In parallelo ai percorsi scolastici istituzionali, negli ultimi anni, sono nate scuole di musica di vari generi. Il mercato è fortemente competitivo e in evoluzione continua. Le retribuzioni spesso non sono proporzionate all'impegno e alla fatica, agli anni di studio, agli esami sostenuti, alle ore giornaliere dedicate all'esercizio dello strumento. Il lavoro di autopromozione, distribuzione e marketing è complicato e faticoso. Come promuovere l'apprendimento della musica? Per essere bravi musicisti ci vogliono anni di impegno e di studio. Nel mondo "sotterraneo" della musica ci si muove con il passaparola, sempre a disposizione. Bisogna adattarsi e destreggiarsi. Le prove servono a ripassare il repertorio e preparare al meglio il programma. Danno l'occasione e la possibilità di studiare con gli altri ciò che si suonerà e arrivare pronti all'esecuzione. Il lavoro consente di vedere ogni volta luoghi e persone diverse, con stimoli sempre nuovi. Ogni musicista cerca sempre di dare il meglio di sé e di tirare fuori il meglio degli strumenti. Il pubblico fa parte dello spettacolo. Nel tempo stili e tecnologie si sono evolute. Quale esperienza si ha oggi del concerto di musica classica? La musica classica la si pensa come un contenitore unico di composizione.

La musica è poliedrica, contiene di tutto. Racconta l'anima umana nel divenire del tempo. Molte musiche hanno scritto la storia stessa del cinema, basta pensare a John Williams, tra i grandi compositori il primo ad aver studiato e utilizzato ampliamente la musica classica nelle sue composizioni. La musica che si propone interessante si presenta vera: è precisa, definita e dettagliata. Indica e suscita emozioni, produce effetti nel suo misterioso parlare, soprattutto se altamente strutturata ed elaborata. L'ascoltatore deve essere disposto ad accoglierla e rielaborarla nella sua complessità. I brani che amiamo li riteniamo importanti ed evocativi. Hanno punteggiato la nostra vita, ma meno complessi e circoscritti nel definire lo stato d'animo che intendono suggerire. I diversi significati discendono naturalmente, in riferimento al vissuto personale, ai ricordi che portiamo in noi. Che differenza c'è tra il modo di produrre e diffondere la Musica oggi rispetto al passato? L'insieme sonoro è compresso e poco "pulito". L'esagerazione sonora mira a colpire fisicamente l'ascoltatore. Se si somministra la musica e il suono più per via muscolare che per via uditiva l'ascolto è travolto da una fisicità eccessiva, di tipo fisico esteriore, reattivo, meno interiore ed elaborativo. L'ascoltatore è sempre meno in grado di accogliere il suono dentro di sé, ha delle difficoltà a elaborarlo affettivamente e finisce per ritrarsi e lasciarlo fuori. Spingere a forza la Musica nella sfera emotiva è impossibile. Si inibisce la sensibilità emotiva naturale. La Musica, da assimilare ed elaborare nei suoi contenuti affettivi, va raccolta liberamente e intimamente. Le radici della Musica si perdono nel passato. Il suo codice è un algoritmo sempre in evoluzione. Nell'amare la musica c'è un bisogno intimo che sentiamo dal cuore. La Musica, al servizio della parola e delle immagini, chiede solo di farsi ascoltare. In quanto energia ci fa muovere e ci orienta, ci fa vivere emozioni e stati d'animo. Trasmette in tanti modi, attraverso il suo codice, un'Energia emotiva che ci accomuna. Il suono trasformato in Musica crea un'arte invisibile, fa sognare, accende entusiasmi e malinconie. È invisibile e a volte impercettibile, ma se disarmonico le emozioni caotiche appesantiscono l'aria. Non ha solo un ruolo ricreativo, si collega nell'intimo con la nostra essenza. Quotidianamente assorbiamo emozioni che alimentano l'Energia emotiva. Tra Musica e persona c'è un processo di relazione emotiva. Nel suono che si trasforma in musica lo scambio è continuo e il suono si trasforma in emozioni (Mussida, 2019). La nostra interiorità si riunisce dialogante con quello che sta fuori di essa, con l'individuo richiamato attraverso il suono ad ascoltarsi. Un processo affettivo coinvolgente, con l'interiorità emotiva che attraverso il suono e la Musica, si manifesta fisicamente, in un processo concreto, fisico, reale. A livello emotivo siamo molto complessi e la Musica si lega alle qualità emotive prevalenti nel nostro carattere. Ci permette di ordinare, osservare e rintracciare l'origine delle emozioni. Rende possibile una conoscenza più profonda di noi stessi, si lega ai nostri temperamenti prevalenti che indica con precisione. La Musica che ascoltiamo ci dice chi siamo interiormente, considerando il mondo interiore fatto di accoglienze e di reattività. Quando entra in noi ci fa godere dei nostri sentimenti, nella relazione tra il dentro e il fuori. Il dentro è costituito dalla propria organizzazione emotiva, dalla propria affettività. La sorgente della Musica che si ascolta è sempre esterna. Un insieme di suoni governati da principi e regole matematiche, assemblati e affinati per raggiungerci intimamente e appagarci. La potenza della Musica induce al movimento fisico. Il linguaggio emotivo è universale, con i principi evocativi che funzionano su tutti allo stesso modo. Qualità e principi agiscono nello stesso modo in tutti i linguaggi e le forme di Musica. La sorgente esteriore del suono e la sua organizzazione emotiva si attraggono. Il suono musicale interiorizzato non è più tale, si trasforma e lascia spazio all'emozione. Il suono viene così elaborato, tradotto, trasformato. Ognuno possiede una sua specifica unità operativa di decodifica del suono. Il coinvolgimento è emotivo, fisico, intellettuale e volitivo. Le centrali dell'affettività si attivano per prime e governano il corpo.

Il timbro è l'identità la struttura fisica del suono. Manifesta la vibrazione, porta il nome dello strumento o del materiale che lo emette. Il timbro della voce di una persona è la sua identità vocale, tra i suoni il più diretto e ricco d'informazioni, ingloba tutte le intenzioni emotive di chi lo genera. Tra suono e identità personale il rapporto è fondamentale. Nel timbro c'è l'aspetto fisico della Musica, il cui corpo concreto ne costituisce il suono, il colore e il calore. Il ritmo costante e pulsante lega con facilità ai movimenti del corpo. La Musica entra in rapporto emotivo con l'individuo e lo rimette in movimento. Nel ritmo si accolgono le nostre esperienze sensoriali proiettate nel tempo. Il ritmo accoglie e trasmette le melodie e con le sue cadenze l'insieme delle altezze sonore. Si lega al temperamento, all'intimità, al carattere personale, diverso in ognuno. Ci sono esperienze musicali che inducono al movimento e scuotono anche i più refrattari.

8. Cosa significa sentire?

Il sentire è un mezzo di comunicazione affettiva sofisticato, una relazione complessa di cui siamo in possesso e che ci connette a fondo con gli altri e con la Musica. Per ascoltare la Musica bisogna dedicarvi un tempo esclusivo e farlo senza distrazioni, immessi nei suoni, capaci di contemplare, per vivere pienamente l'esperienza dell'armonia. Si può sentire tutto paradossalmente, ma senza ascoltare nulla. Argomenti complessi non si possono affrontare con leggerezza. Quotidianamente e in modo naturale sperimentiamo l'ascolto musicale, ma non ne parliamo. Si fa risalire a Frank Zappa la battuta: *"Parlare di musica è come ballare l'architettura"*. Ma è grazie all'intelletto che traduciamo in forma di parole le nostre esperienze, in modo naturale e spontaneo. Anche se la maggioranza sa poco o niente dei principi musicali, in molti conoscono benissimo il significato del vivere l'esperienza quotidiana, personale e affettiva che offre la Musica. Quale effetto emotivo produce l'ascolto della Musica? La Musica in quanto fenomeno universale si rivolge indistintamente a tutti, *"la si sente" e ascolta per distrazione o per passione. Racconta emozioni evocate che sorgono mentre la si ascolta. Illumina un mondo invisibile, "altro".* Se la si "sente" con precisione si arriva a osservare il legame tra la sua azione e il nascere in sé delle emozioni. I suoni che vibrano ci abbracciano e raccontano l'invisibile della vita evocativa. Colorano le emozioni e i sentimenti in molte sfumature, per rappresentare la tristezza, la gioia, l'entusiasmo. La Musica agisce sulle passioni e affina le sensibilità. Perché ci piacciono certe musiche e altre le detestiamo? Il filtro affettivo è personale, unico e irripetibile. L'esperienza affettiva ed emotiva profonda della Musica passa in secondo piano rispetto al suo essere considerata un fenomeno sociale, culturale e di costume. Quale effetto emotivo provoca in chi l'ascolta e cosa comunica affettivamente la Musica? L'oggetto primario della comunicazione musicale è generare nell'ascoltatore un "sentire emotivo". Questo argomento importante, non sembra suscitare interesse nei luoghi in cui la Musica la si insegna. La Musica è studiata quasi esclusivamente per imparare a suonarla e interpretarla. Alla domanda: in cosa consiste veramente il lavoro del musicista? La risposta più semplice si ritrova nell'affermare il saper dare al pubblico piacere e divertimento. La Musica è rivolta e riguarda chi l'ascolta e se l'ascoltatore è assente la Musica non ha senso. L'essenza oggettiva del comunicare la Musica la ritroviamo nel suo "codice musicale" composto di timbro, ritmo, melodia, intervalli (con sempre), armonia. La comunicazione investe chi suona e chi ascolta, ma poco e niente si conosce e insegna sul rapporto intimo che s'instaura tra i due, nel fermarsi a sottolineare l'unicità e la specificità dell'ascoltatore. La sensibilità musicale ha una sua componente soggettiva elementare e fondamentale. Ma in questa sensibilità c'è un sostrato comune e collettivo che trova una sua sintesi in diversi elementi oggettivi. La soggettività riguarda la propria particolare sensibilità. Il musicista conosce nell'intimo la musica. Da dove arriva la musica? Perché esiste? Qual è il suo scopo e il suo ruolo? La Musica è una forza emotiva con effetti emotivi e affettivi sulla persona. Ci dimostra che apparteniamo tutti alla stessa comunità affettiva. Ha un suo valore reale; va più "sentita" che ascoltata, in quanto esperienza di relazione in evoluzione perenne. È soprattutto relazione emotiva. C'è anche chi considera la Musica effimera e poco concreta. Quali fenomeni viviamo quando ascoltiamo la Musica, considerando che il mondo emotivo ci orienta quotidianamente? La Musica è un "contenitore di forme e generi diversi" (Mussida, 2019). Un flusso vitale, un sistema aperto che vibra di emozioni e si manifesta in e fuori di noi. Nel pensare, suonare e proporre la Musica nascono e si formano i diversi gusti musicali soggettivi. Ha un'importante componente fisica che agisce potentemente sull'ascoltatore. La diffusione del suono negli ultimi decenni è cambiata radicalmente e lo sviluppo tecnologico enfatizza le frequenze basse che toccano fisicamente le persone e danno un piacere fisico sottile. Nella Musica ritroviamo la purezza del suono e dello stesso silenzio. Nel come si suona, attraverso il padroneggiare l'arte e le qualità acquisite si riflette se stessi. L'esecuzione musicale, in una misteriosa trasformazione, assume una forma che è perfetta e spontanea. Spetta all'ascoltatore, concentrarsi e chiudere gli occhi, per far affiorare alla mente pensieri, sensazioni ed esperienze, e ammirarne la ricchezza così ritrovata. L'essere concentrati sulla dimensione interiore porta a sviluppare un io più completo, capaci di sentire ogni cosa fino in fondo, senza l'esclusione che porta a chiudersi in se stessi, per ritrovarsi in contatto con tutte le cose e le persone che ci circondano. Aperti, ma senza smarrirsi o perdersi nel labirinto dei rimuginî e dei pensieri, seguendo una propria mappa, in grado di identificare i propri pensieri e le esperienze vissute, attraverso il corpo, la mente e il cuore, riflettendo sulla persona che si è. Sono in molti di noi a considerare e giudicare la Musica qualcosa di difficile a priori, incomprensibile e nel sentirsi frustrati nella propria incapacità di riconoscersi in essa, di fatto pigra ignoranza, senza far niente per porvi rimedio, continuano a trascurarla, inconsapevoli che la Musica, generando uno stato di benessere, può migliorare la qualità della vita. Per chi vuol ascoltare un concerto basterebbe sintonizzarsi su Radio3 alla sera.

Saper ascoltare, percepire nel profondo la Musica è un esercizio a cui bisogna essere educati. La Musica ha un potere straordinario di penetrazione emotiva, ma i dettagli di ciò che viene suonato spesso vanno al di là dei comuni ascoltatori, se non "professionisti" e addestrati all'ascolto, (un esempio è il tentativo di ascoltare il colore insieme al suono, come supporto simbolico, in uno sforzo di immaginazione puramente matematica che è molto difficile), ma anche quando si sentono ritmi chiari e armonie ben definite. I solisti spesso sono veri e propri divi e basta il loro nome a dare lustro al concerto.

I musicisti per essere super-professionisti devono saper reggere la tensione nel suonare pagine difficilissime e relazionarsi di volta in volta con direttori e compagini diverse. Per poter esprimere al meglio la musica, e far sentire le differenti sonorità, ci vuole il silenzio e l'attenzione dell'intelligenza che sa ascoltare e apprezzare in pieno la musica. Continuare a cercare Musica nuova è fondamentale, soprattutto in questo particolare momento storico dove nel mondo della Musica, prodotto commerciale multiforme, si percepisce una forte sensazione d'incertezza. senza garanzia alcuna di continuità lavorativa, né di un adeguato trattamento economico.

Riferimenti bibliografici e sitografici

C. Abbado, *La musica scorre a Berlino*, Bompiani, Milano 2015.

S. Accardo, *Il miracolo della musica. La mia storia*, Mondadori, Milano 2012.

T. W. Adorno, *Introduzione alla sociologia della musica*, Einaudi, Torino 1971.

C. Agrilo, *Suonare in pubblico. L'esperienza concertistica e i processi neurocognitivi*, Carocci, Roma 2007.

A. Basso, *Il Conservatorio G. Verdi di Torino*, UTET, Torino 1971.

S. Bencivelli, *Perché ci piace la musica: orecchio, emozione, evoluzione, suoni*, Salani, Milano 2015.

D. Barenboim, *La musica è un tutto: etica ed estetica*; a cura di Enrico Girardi, Feltrinelli, Milano 2014.

L. Berio, *Intervista sulla musica*, Laterza, Roma-Bari, 2015.

Id., *Interviste e colloqui*; a cura di Vincenzina Caterina Ottomano; introduzione di Paul Griffthis, Einaudi, Torino 2017.

C. Boccadoro, *Analfabeti sonori*, Einaudi, Torino 2019.

N. Campogrande, *Capire la musica classica*, Ponte alle Grazie, Milano 2020.

B. Castiglione, *Il libro del Cortegiano*, a cura di W. Barberis, Einaudi, Torino 2017.

R. Chailly, *Il segreto è nelle pause*, Rizzoli, Milano 2015.

C. Delfrati, *Fondamenti di pedagogia musicale: un paradigma educativo dinamico*, EDT, Torino 2008

Id. *Storia della critica dell'insegnamento della musica in Italia*, Antonio Tombolini, Milano 2017.

A. De Rosa-E. Morricone, *Inseguendo quel suono. La mia musica, la mia vita*, Mondadori, Milano 2016.

P. Fresu, *Musica dentro*, Feltrinelli, Milano 2013.

M. Montessori, *La mente del bambino: mente assorbente*, Garzanti, Milano 2018.

E. Morricone, *Inseguendo quel suono: la mia musica, la mia vita. Conversazioni con Alessandro De Rosa*, Mondadori, Milano 2016.

F. Mussida, *Il pianeta della musica*, Salani, Roma 2018.

L. Nono, *La nostalgia del futuro: scritti e colloqui scelti*; a cura di Angela Ida De Benedictis e Veniero Rizzarsi; prefazione di Nuria Schoenberg Nono, Il Saggiatore, Milano 2019.

T. Parsons, *La struttura dell'azione sociale*, il Mulino Bologna 1962.

A. Rollando, *Applaudire con i piedi: segreti e curiosità della musica colta*, Graphofeel, Roma 2018.

Id. *Applaudire con i piedi 2. Il difficile e meraviglioso mestiere della musica*, Graphofeel, Roma 2019.

D. Schon, *Il cervello musicale. Il mistero svelato di Orfeo*, il Mulino, Bologna 2018.

A. Schutz, *Fare musica insieme*, Armando Editore, Roma 2011.

J. Swafford, *Il linguaggio dello spirito*, Mondadori, Milano 2018.

Id., *Professioni e libertà*, Armando, Roma 2012.

B. Venezi, *Allegro con fuoco. Innamorarsi della musica classica*, Utet, Torino 2019.

R. Vlad, *Vivere la musica*, Einaudi, Torino 2011.

https://archivio.pubblica.istruzione.it/comitato_musica_new/normativa/allegati/dm0608_99.pdf

https://archivio.pubblica.istruzione.it/comitato_musica_new/chisiamo_ilcomitato.shtml

http://www.afam.miur.it/argomenti/istituzioni/Conservatorî-di-musica.aspx

https://it.wikipedia.org/wiki/Conservatorî_di_musica_in_Italia

https://www.Conservatoriorossini.it/Conservatorio/istituto/default.aspx

https://it.wikipedia.org/wiki/Alta_formazione_artistica,_musicale_e_coreutica

https://it.wikipedia.org/wiki/Educazione_musicale_in_Italia

http://www.metisjournal.it/metis/anno-iv-numero-2-122014-suggestioni-montessoriane-ripensare-lumanita-a-partire-dallinfanzia/133-saggi/634-montessori-e-musica.html

https://www.miur.gov.it/web/guest/componenti-comitato

https://www.siem-online.it/siem/

http://ustat.miur.it/dati/didattica/italia/afam-Conservatorî

http://www.cantarelopera.com/studio-e-perfezionamento/Conservatorî.php

https://www.informagiovani-italia.com/elenco_dei_Conservatorî.htm

http://www.miur.it/0006Menu_C/0012Docume/0098Normat/1128Riform_cf4.htm

http://www.altaformazionemusicale.it/index.php?option=com_content&view=section&layout=blog&id=14&Itemid=38

https://www.edscuola.eu/wordpress/?p=115125

https://www.leggioggi.it/2011/12/30/la-riforma-delle-accademie-e-dei-Conservatorî-italiani/

https://www.giornaledellamusica.it/articoli/la-compagnia-del-cigno-e-limmagine-distorta-dei-Conservatorî-italiani

https://www.giornaledellamusica.it/news/il-Conservatorio-di-padova-contro-la-fiction-sui-Conservatorî

https://www.giornaledellamusica.it/news/anche-il-Conservatorio-di-torino-protesta-la-fiction-la-compagnia-del-cigno

Uno studio pilota nei Conservatorî musicali italiani / di Mario Corsi

(Mario Corsi è ricercatore in Statistica Sociale,

Università di Urbino Carlo Bo)

1. Premessa

La cultura musicale ha da sempre un suo valore e riveste un ruolo importante, che ha ricadute anche sul piano economico-sociale. È un segno e un tratto che accomuna e nello stesso tempo distingue. Sul piano formativo un'importanza considerevole si assegna a quelle istituzioni che a vari livelli diffondono e promuovono la musica. Tradizionalmente, nello specifico della pratica e della cultura musicale, questo compito è patrimonio dei Conservatorî che, in quanto luoghi e spazi di memoria e storia, danno identità espressiva al territorio. I Conservatorî in quanto soggetti autonomamente attivi sono dei punti di riferimento da valorizzare e rappresentano una importante e significativa istituzione formativa, ma di cui si ha scarsa conoscenza. Quanti fanno la scelta di studiare musica sanno che per soddisfare la propria passione devono impegnarsi con rigore, preparandosi in modo metodico per superare la fatica e gli ostacoli presenti durante il percorso e non disattendere le proprie aspettative. Alla figura del musicista tradizionalmente si assegna un'identità da costruire in forma stabile, richiamandosi agli insegnamenti del passato, soprattutto per contenere il dinamismo, il vitalismo e l'esaltazione tipici dell'età giovanile. L'identità del musicista si costruisce a partire dal riconoscimento delle abilità strumentali di cui si è naturalmente dotati e che vanno saggiamente esercitate. Spesso in quest'ottica si fa riferimento al talento musicale, inteso come una sorta di vocazione, nel pensare di "essere portati per la musica". Il vero testimone riconosciuto rimane il maestro che costituisce l'autorità superiore chiamata a legittimare l'allievo e il suo valore. Gli studenti del Conservatorio sono consapevoli di far parte di una istituzione accreditata che li legittima differenziandoli.

2. Obiettivi

Il progetto, in forma d'indagine preliminare (studio pilota), si propone la costruzione di uno strumento conoscitivo (a partire dallo strumento del questionario, supportato da interviste in profondità e focus con testimoni privilegiati) in grado di cogliere e individuare motivazioni, aspettative, percorsi formativi e auspicabili realizzazioni professionali degli studenti iscritti ai Conservatorî. Tutto ciò per arrivare a definire un concreto quadro conoscitivo, con riferimento ai profili individuali dei soggetti, tale da comprendere come questi possano trovare una completa valorizzazione nell'ambito dei percorsi dell'offerta formativa, ai fini, soprattutto, di una valida preparazione per l'ingresso nel mondo del lavoro.

A questi obiettivi prioritari, ne vanno aggiunti altri, in particolare di natura "contestuale" per delineare, nei dettagli e nello specifico, anche la situazione formativa presente in Italia. Così che da un esame comparativo, tra i luoghi di fruizione della formazione e quelli di provenienza, sia possibile trarre delle informazioni in merito alla "competitività" delle varie strutture, individuando anche le ragioni d'essere di particolari e specifiche realtà locali.

Parallelamente, l'analisi dei giudizi e delle impressioni fornite dai soggetti esperti, coinvolti in particolare nella fase preparatoria della strumentazione usata, potrebbe stimolare e suggerire adeguamenti, se non proprio radicali mutamenti, dei "paradigmi" formativi attuali e "allineare" meglio i percorsi scolastici ai profili professionali richiesti da un mercato multiforme e in continuo mutamento.

Così da valorizzare, in un quadro di sintesi, un miglior accoglimento del valore formativo della cultura musicale i cui linguaggi, spesso, figurano solo marginalmente nella costruzione della personalità di un individuo.

3. Metodologia

Per costruire lo strumento d'indagine, si è partiti dalla ricognizione dello stato dell'arte in materia, accompagnata dalla definizione puntuale dell'evoluzione storica dei quadri normativi e al censimento degli istituti nazionali operanti nel settore. A questa fase ne è seguita una successiva in collaborazione con un focus che ha visto partecipi Docenti e studenti del Conservatorio, per abbozzare aree tematiche e contenuti specifici dello strumento di valutazione. Lo stesso è stato poi affinato, nei contenuti e nella loro correttezza sostanziale e formale, sottoponendolo al certosino lavoro condotto in collaborazione con alcuni Docenti della stessa struttura, a cui va un particolare plauso per l'impegno e il prezioso tempo dedicato, con paziente attenzione. Al termine di questa seconda fase si è provveduto a stilare la versione definitiva del questionario utilizzato poi per la raccolta dei dati necessari alla sua validazione. Questo è qui consultabile nell'appendice dedicata (appendice B). Esso risulta articolato in 5 distinte sezioni (aree tematiche) composte da un numero variegato di quesiti per un totale, comprese le voci a risposta condizionata, pari a 43 voci. Nella prima sezione (7 voci) si investigano le motivazioni che hanno portato lo studente (qui e altrove, e di questo ci scusiamo, per semplicità ci riferiremo ai soggetti sempre con declinazione al maschile), a scegliere il particolare percorso formativo rappresentato dai Conservatorî musicali. Nella seconda sezione (13 voci) viene chiesto agli studenti (ricordiamo che trattasi di coorti giunte al termine del primo ciclo formativo) di valutare, da un punto di vista strumentale, il loro percorso formativo mentre alla "valutazione artistica" dello stesso è dedicato il quadro seguente (11 voci). La sezione successiva (4 voci) chiede invece di valutare la coerenza tra il percorso formativo e la realizzazione professione, fattiva o ipotizzata per il proprio futuro. Conclude la parte strutturata dello strumento un breve quadro (8 voci) riguardante il contesto socio-grafico dello studente e del proprio ambito familiare. La sezione finale del questionario permette, mediante uno spazio dedicato a note e/o commenti, di meglio esplicitare il proprio pensiero. Ci si dedicherà all'analisi del contenuto di queste sezioni in un successivo momento.

La rappresentatività dei dati va attribuita ed è valida per quanto riguarda la specificità dei contesti investigati.

Fatta doverosa premessa sulla necessità di avere un corpo di rispondenti pari a un centinaio di unità, valutate le consistenze numeriche delle coorti prescelte, studenti appartenenti all'anno conclusivo del primo ciclo di studio ipotizzati con un tasso di partecipazione almeno al 50%, ci si è orientati su tre Conservatorî appartenenti a contesti demografici distinti: una città di grandi dimensioni e due di dimensioni assai più ridotte, tutte appartenenti al comparto geografico del centro-nord e nord Italia. L'originaria ipotesi di raccogliere dati mediante la tecnica della compilazione di un questionario costruito con modalità online (web survey) si è scontrata con l'indisponibilità di dotazioni a riguardo in tutte le strutture coinvolte. L'alternativa di rinunciare alla sincronicità della raccolta, invitando i singoli ad accedere autonomamente al formulario on line, è stata poi scartata, stante il risaputo allungamento dei tempi di risposta e l'abbassamento cospicuo della partecipazione. Tutto ciò ci ha obbligatoriamente guidato verso la consolidata prassi della compilazione, possibilmente sincrona, di un questionario sottoposto ai soggetti, in formato cartaceo, nel corso di una lezione tipicamente trasversale quale quella rappresentata da "Storia della musica" ai cui Docenti va il rinnovato debito di riconoscenza per essersi fattivamente prestati all'iniziativa.

Elaborazione dei dati, loro analisi critica e definizione di ipotetiche relazioni tra gli stessi, secondo gli obiettivi prefissati, hanno costituito la necessaria conclusione del lavoro.

4. Risultati

4.1 Partecipazione

La rilevazione dei dati, nei tre contesti investigati, è avvenuta nella finestra che va dalla fine del 2017 alla primavera del 2018. Per quanto riguarda la partecipazione all'indagine i dati sono assai confortanti assestandosi su un valore medio pario a circa il 50%. Scendendo nel dettaglio, nelle tre strutture che, da qui in avanti chiameremo convenzionalmente A, B e C, si sono avute, rispettivamente, 33, 30 e 31 unità d'analisi.

Ai fini della presentazione dei dati faremo sempre riferimento all'intero corpo degli stessi evidenziando, quando presenti, significative differenziazioni tra le strutture. Inoltre, per le voci che prevedono modalità di risposta con possibilità di esprimere liberamente specificazioni, eviteremo di commentare queste ogni qual volta la loro numerosità risulti bassa (<10 risposte) oppure la loro natura non ne permetta la riduzione a un limitato numero di categorie.

4.2 Motivazione alla scelta del percorso formativo

Il primo quadro dello strumento (Quadro A) cerca di ricostruire il percorso emotivo e formativo che ha portato ad accedere alla formazione prestata dai Conservatorî. Così (tab. 1), la parte preponderante delle risposte (voce A1 con possibilità di risposta multipla), pari al 37.2%, attribuisce allo stimolo ricevuto in famiglia il primo "contatto" con la musica mentre, e con questo si supera la metà delle fonti, il 25.4% attribuisce alla propria autonomia, magari mediata dal contatto con media musicali, l'ingresso del mondo della musica. Non trascurabile, al terzo posto, il fatto che il 17.5% dei soggetti imputi il proprio approccio al mondo della musica in conseguenza di un particolare e specifico percorso di studio.

Se andiamo poi a vedere la motivazione che ha condotto alla scelta del Conservatorio (voce A2 sempre con possibilità di risposta multipla), la parte del leone (46.6%) riconduce tale scelta a una sorta di "chiamata". Interessante, al secondo posto, notare come un quinto delle dichiarazioni (20.4%) imputi la scelta ad una forma di arricchimento culturale, a riprova della trasversalità che la musica riveste nella vita di molti individui. La prospettiva di una vita stimolante caratterizza poi il 13.8% delle scelte mentre solo il 5.3% delle motivazioni è riconducibile a indicazioni familiari, fatto questo che sembra smentire l'idea di una sorta di "ereditarietà culturale" in campo musicale.

Nella scelta dell'Istituzione cui affidare la propria formazione sappiamo generalmente agire due cause. La prima è riconducibile alla logistica indotta dalla frequenza dei corsi (distanza dalla residenza, costi, raggiungibilità, ecc.) mentre la seconda è, direttamente o indirettamente, legata al "prestigio" dell'Istituzione stessa vuoi in termini assoluti (tipologia dei corsi, corpo docente, ecc.) sia relativi (continuità con altri membri della famiglia, rete amicale, passaparola, ecc.). Nel nostro caso (voce A3 ancora con possibilità di risposta multipla), a conferma di quanto detto, il prestigio dell'istituzione o quello del corpo docente, con egual quota, assommano il 41.2% delle motivazioni indicate lasciando al secondo posto, con il 27.1%, la vicinanza al proprio domicilio, cui possiamo assommare un altro 9.5%, di generale fruibilità logistica (costi, strutture di supporto, ecc.) del Conservatorio. Seguono, con consistenze minori o residuali, le altre motivazioni alla scelta. In questo caso, e la cosa non sorprende, si assiste poi a una significativa differenziazione tra le tre strutture investigate (χ^2=28.5, g.l.=16, p=0.03)[2]. In particolare, limitando l'analisi alle consistenze numeriche più elevate, il Conservatorio appartenente alla città più grande (struttura C) vede premiare prestigio dell'istituzione, del corpo docente ma anche vicinanza, andando così a costruire una "formula" di attrattività forse facilmente intuibile.

Se andiamo a guardare alla modalità di ingresso (voce A4) osserviamo come la quasi totalità dei rispondenti (92.6%) ha ottenuto la relativa idoneità al primo tentativo. Tuttavia, anche in questo caso, si registra una significativa difformità tra le strutture (χ^2=11.5, g.l.=4, p=0.02) che vede abbassarsi questo valore nel Conservatorio più grande (struttura C).

Altrettanto poco differenziata risulta la situazione per quanto concerne la tipologia di ingresso ai corsi (voce A5) che vede lo 80.5% del corpo studentesco iniziare "regolarmente" dal primo anno di corso. Da segnalare la residuale consistenza che, probabilmente in virtù di una buona preparazione musicale pregressa, viene inserita agli anni successivi.

Anche nella scelta dello specifico corso seguito (voce A6) non si ha grande variabilità visto che quattro studenti su cinque (80.8%) dichiarano di aver operato in autonomia, fatto questo che orienta a una maturità e consapevolezza sulle proprie scelte.

---

[2] Stante l'uso unicamente descrittivo e indipendentemente dalle caratteristiche metriche delle variabili, per la misure di associazione ci si è limitati al solo uso del χ^2 (Chiorri, Fondamenti di psicometria, McGraw-Hill, 2010).

Chiude il quadro la voce relativa alla dichiarazione di pregressa formazione musicale (A7), in base alla quale possiamo constatare come in circa i due terzi dei casi (64.9%) questa sia stata mediata da un professionista, questione questa che pone problemi relativi ai costi e alla sostenibilità economica della formazione musicale. Certo, tali scelte potrebbero essere state non necessarie e solo conseguenza di una disponibilità accertata ma la questione di fondo rimane.

Come conseguenza delle ultime voci del primo quadro dello strumento si viene quindi a delineare una figura piuttosto specifica di studente, sufficientemente dotato o preparato per ottenere subito l'ammissione seguendo un percorso "naturale" che, partendo dal primo anno, lo porta a frequentare un corso scelto personalmente portando in dote una preparazione ottenuta principalmente con l'aiuto di un professionista.

Tabella 1. *Motivazioni alla scelta del percorso formativo (n=94). Valori % sul totale delle risposte fornite*

Voce	Valori
A1 - Contato iniziale con la musica	
In casa, stimolato dai familiari	37.2
In altri luoghi e stimolato da altri	16.7
Stimolato da percorsi formativi specifici	17.5
In autonomia o mediato da media musicali	25.4
Altre forme di contatto	3.2
A2 - Motivazione alla frequentazione del Conservatorio	
Vocazione/Fascinazione	46.6
Indicazioni familiari e/o amici	5.3
Arricchimento formazione culturale	20.4
Affermazione della personalità	6.6
Opportunità lavorative	4.6
Prospettive di guadagno	0.7
Prestigio sociale	0.0
Prospettiva di vita stimolante	13.8
Altre motivazioni	2.0
A3 - Motivazione per la scelta del Conservatorio	
Prestigio dell'istituzione	20.6
Prestigio Docenti	20.6
Opportunità lavorative fornite	4.8
Specificità offerta dei corsi	9.5
Tradizione familiare/amicale	6.3
Disponibilità posti	0.8
Vicinanza al domicilio	27.1
Logistica (Costi, strutture sostegno, ecc.)	9.5
Altre motivazioni	0.8
A4 - Modalità di ammissione ai corsi	
Ammesso per ottenuta idoneità al primo tentativo	92.6
Ammesso per idoneità dopo più tentativi	5.3
Ammesso dopo non idoneità in altra istituzione	2.1
A5 - Tipologia di ingresso al triennio formativo	
Come studente del primo anno	80.5
Come studente ammesso agli anni successivi	9.8
Come studente "avanzato" già in possesso di titolo	5.4
Altra tipologia di percorso	4.3
A6- Scelta della tipologia di corso	
Motivazioni personali	80.8
Per tradizione familiare	1.1
Per relazioni amicali	4.3
Dietro suggerimento di esperti	11.7
Altra motivazione	2.1
A7 - Formazione musicale pregressa	
Nessuna	8.5
Da autodidatta	13.8
Seguita da un professionista	64.9
Altra tipologia	12.8

4.3 Valutazione strumentale del percorso di studio

Veniamo ora ad analizzare il primo dei due quadri (Quadro B) aventi lo scopo di valutare alcuni aspetti legati al percorso formativo seguito in Conservatorio. Questo, vuole farlo in relazione agli aspetti gestionali e organizzativi mentre al secondo sarà demandata la valutazione artistica. I dati riassuntivi sono presentati nella seguente tabella 2.

Cominciando dal primo aspetto censito (voce B1) notiamo come la tipologia degli studenti risulti abbastanza varia avendosi al primo posto (28.7%) soggetti che, parallelamente al percorso di studi, svolgono anche attività lavorativa in ambito musicale. Con quota praticamente identica (27.7%) troviamo invece chi segue i corsi in maniera esclusiva e, in numero leggermente inferiore (21.3%), quelli che seguono un altro percorso formativo (scuola, università). Abbiamo poi chi lavora anche in ambito non musicale (17.0%) mentre la quota residuale (5.3%) si colloca in una diversa situazione. Sembra confermarsi il fatto che la frequenza dei corsi musicali risulti subordinata o semplicemente accompagnata da altre attività spesso coerenti con il percorso formativo.

Andando nella specificità dei corsi seguiti (voce B2), appare subito chiaro come la quota preponderante di soggetti (65.9%) segua, nel solco della tradizione dei Conservatorî, un corso per l'apprendimento e/o il miglioramento della tecnica esecutiva di uno strumento musicale. Al secondo posto troviamo invece chi frequenta corsi legati al canto (13.8%) con a seguire coloro i quali si dedicano alla musica elettronica (9.6%). Residuali le frequenze ad altre tipologie di corso. In questo caso si ha poi anche una significativa differenziazione tra i tre contesti investigati (χ^2=36.7, g.l.=12, p<0.01), differenziazioni che in presenza di numerosità assai ridotte non permettono la costruzione di un "profilo" tipico per le singole Istituzioni.

Il blocco di voci B3, B4 e B5 rappresenta quesiti rivolti solamente a chi ha dichiarato di seguire un corso strumentale scelta questa che, come detto, risulta essere preponderante rispetto alle altre possibili. Guardando come prima cosa alla categoria strumentale (voce B3) rileviamo subito che il 34.9% degli studenti studia uno strumento ad arco seguito dal 25.4% che si dedica alle tastiere con a seguire fiati (17.5%), pizzico (12.7%) e percussioni (7.9%). Solo lo 1.6% si dedica infine alla strumentazione elettronica. Se andiamo nella specificità dello strumento studiato, anche se le numerosità ridottissime non permettono la formazione di statistiche indicative, vediamo come tra gli archi il contrabbasso (anche nella versione Jazz) contenda il titolo al violino mentre tra le tastiere il pianoforte è largamente preponderante. Più variegata, infine, la situazione tra i fiati e le restanti categorie. Anche qui si ha una significativa distinzione tra i tre Conservatorî (χ^2=21.8, g.l.=10, p=0.02), differenziazioni che non sappiamo se attribuire, come ipotizzabile, all'offerta formativa o ad altro. In particolare, il Conservatorio del contesto più grande (struttura C) vede una prevalenza di "archi" e "tastiere".

La convinzione nelle scelte operate trova sostanziale conferma nella voce B4 visto che al 61.6% di coloro che non hanno mai pensato di cambiare strumento possiamo aggiungere un ulteriore 21.5% di coloro che lo hanno pensato in maniera sporadica. Il cambio effettivo di strumento, sulle cui cause non si è indagato, riguarda invece il 7.7%, cioè uno studente su tredici, quota questa non trascurabile cui potremmo accostare il residuale 9.2% di chi, pur non operando cambiamenti, dichiara di averci pensato in più occasioni, condizione questa che andrebbe indagata in profondità.

Infine, una delle motivazioni che, a torto o a ragione, fa generalmente considerare come elitaria la formazione musicale di alto livello risiede nei connessi costi, spesso legati all'acquisto di uno strumento di qualità adeguata. Così (voce B5) la cosa sembra in effetti trovare conferma dai dati visto che quasi la metà dei rispondenti (46.8%) ambirebbe a uno strumento migliore ma non è in grado di far fronte alla relativa spesa. Sul fronte opposto troviamo il 34.4% dei soggetti che si dichiara essere già in possesso di uno strumento di qualità adeguata.

Tornando ora al normale percorso valutativo (voce B6), vediamo come solo la metà dei soggetti 52.0% si limiti a seguire un solo corso mentre la parte restante, per motivazioni varie, ne frequenta almeno un altro privilegiando l'ambito strumentale (51.0% su chi frequenta un corso suppletivo). Nuovamente significativa risulta la caratterizzazione geografica (χ^2=21.5, g.l.=12, p=0.04).

Rivolgendo ora la nostra attenzione alle modalità di ingresso in Istituzione (ricordiamo che qui, come altrove, si pratica una programmazione sugli ingressi) (voce B7), vediamo come nella stragrande maggioranza (78.9%) delle risposte fornite (si tratta di domanda con possibilità di risposta multipla) l'accertamento sul possesso di adeguate capacità in campo musicale costituisca la naturale porta, esclusiva o comunque necessaria, per l'accesso a questo tipo di Istituzione. In conseguenza di ciò e in maniera subordinata al superamento di una prova di selezione (voce B8), un soggetto su tre (34.4%) giudica come modesto il livello di preparazione richiesto, a riprova di come l'approdo ai Conservatorî riguardi un'utenza evoluta, almeno nella specificità delle competenze musicali. Solo il 5.6% giudica rigoroso il criterio di accesso mentre la maggior parte (60.0%) riconosce la selettività dei criteri utilizzati. Si tratta chiaramente di giudizi espressi da chi tale vincolo lo ha superato. Significative differenze risultano essere presenti anche per questa tra i tre contesti investigati (χ^2=10.3, g.l.=4, p<0.04).

Dall'esame della voce B9 possiamo notare come il giudizio sulla valorizzazione che l'ordinamento degli studi ha nei confronti del talento musicale si tripartisca, anche se non equamente, tra le alternative proposte. In particolare, il maggior numero di rispondenti (41.2%) riconosce questo fatto nella possibilità di modulare le difficoltà incontrate nei corsi sulla scorta dei progressi nelle capacità individuali. Uno studente su quattro (24.4%), riconosce all'Istituzione il merito di valorizzare adeguatamente gli studenti talentuosi. Infine, un rispondente su tre (34.4%) misconosce tale positivo giudizio ritenendo troppo rigida la programmazione didattica e tale da porre ostacolo alla libera manifestazione del talento. Si ritiene che l'"accademia" eserciti una sorta di azione limitativa sulla libera espressione delle doti artistiche delle persone, cosa questa che sarebbe opportuno approfondire al fine di constatarne la reale consistenza ed eventualmente agire a riguardo.

Quasi tutti gli studenti (89.3%) non hanno mutato il corso (voce B10) con il quale hanno iniziato e solo lo 1.1% ha operato cambiamenti per cause che non siano il mutamento di aspirazioni o la ricerca di una maggiore professionalizzazione del titolo di studio.

Sempre in merito alla preparazione (voce B11), la metà dei soggetti (50.0%) ha ampliato la propria prospettiva decidendo di aggiungere corsi a quello istituzionalmente frequentato facendo questo principalmente, e banalmente, per accrescere la propria preparazione (30.9% sul totale dei rispondenti) o le proprie prospettive occupazionali (7.4% sul totale dei rispondenti).

La frequentazione assidua con Docenti di riferimento (pensiamo a chi segue corsi strumentali) può ingenerare rapporti anche potenzialmente conflittuali. A tal riguardo sui segnala come (voce B12), lo 11.7% adduce a questa motivazione l'avvenuto cambiamento di insegnate. La maggior parte degli investigati (61.7%) non ha ritenuto la cosa necessaria (o possibile!) mentre un ulteriore 16.0% lo ha fatto ma solo per cause logistiche, legate alla fruizione delle lezioni. Un residuale 10.6% adduce poi il cambiamento a non meglio specificate motivazioni. Quanto descritto da luogo poi a significative difformità tra le strutture investigate (χ^2=16.3, g.l.=6, p=0.01).

La dedizione allo studio è infine testimoniata analizzando le risposte all'ultima domanda della sezione (B13). Vediamo così che al 16.3% di soggetti che sono seguiti da un professionista della musica anche in ambito domestico, si aggiunge un ulteriore 28.3% che cerca autonomamente forme esterne per il miglioramento della propria preparazione. Una fetta consistente (28.3%) svolge esercitazioni individuali (a costo zero!) mentre la restante parte (27.1%) si manifesta nella propria preparazione in attività ludiche o svolte per azione sociale.

Tabella 2. *Valutazione strumentale del percorso formativo (n=94). Valori % sul totale delle risposte fornite*

Voce	Valori
B1 - Esclusività della frequenza ai corsi	
Partecipazione esclusiva	27.7
Contemporanea frequenza scuola/università	21.3
Contemporanea attività lavorativa non musicale	17.0
Contemporanea attività lavorativa in ambito musicale	28.7
Svolgimento di altre attività	5.3
B2 - Tipo di corso frequentato	
Canto	13.8
Strumentale	65.9
Compositivo	4.3
Compositivo a indirizzo musicologico	4.3
Direzione	1.1
Didattica della musica	1.1
Musica elettronica	9.6
B3 - Categoria strumentale	
Archi	34.9
Fiati	17.5
Tastiere	25.4
Percussioni	7.9
Pizzico	12.7
Elettronica	1.6
B4 - Ipotesi di cambio dello strumento	
No	61.6
Sì ma raramente	21.5
Sì, in più occasioni	9.2
Passaggio avvenuto	7.7
B5 - Ipotesi migliorativa per lo strumento	
Sì ma impedita da ragioni economiche	46.8
Sì in un futuro prossimo	17.2
No poiché già in possesso di strumento adeguato	34.4
No per incertezza nel proseguimento del percorso	1.6
B6 - Altra tipologia di corso seguito	
Canto	6.4
Strumentale	24.5
Compositivo	5.3
Compositivo a indirizzo musicologico	0.0
Direzione	4.3
Didattica della musica	4.3
Musica elettronica	3.2
Nessuno	52.0
B7 - Requisiti per l'accesso al Conservatorio	
Possesso competenze musicali	78.9
Valutazione curriculum	4.4
Superamento colloqui motivazionale	16.7

Tabella 2. *(segue) Valutazione strumentale del percorso formativo (n=94). Valori % sul totale delle risposte fornite*

Voce	Valori
B8 - Preparazione richiesta per l'ammissione	
Livello modesto	**34.4**
Livello selettivo	**60.0**
Livello rigoroso	**5.6**
B9 - Ordinamento didattico e valorizzazione del talento	
Sì, anche per gli studenti talentuosi	**24.4**
Sì, per la possibilità di graduare le difficoltà incontrate	**41.2**
No, poiché la rigidità dei corsi ostacola il talento	**34.4**
B10 - Mutamento di corso	
No, si permane nel corso inizialmente scelto	**89.3**
Sì, cambiamento per mutate aspirazioni	**5.3**
Sì, per cercare una maggiore professionalizzazione	**4.3**
Sì, per altre motivazioni	**1.1**
B11 - Aggiunta corsi suppletivi	
No	**50.0**
Sì, per aumentare la preparazione	**30.9**
Sì, per ampliare le possibilità lavorative	**7.4**
Sì, per altre motivazioni	**11.7**
B12 - Mutamento insegnante	
No	**61.7**
Sì, per cause logistiche di forza maggiore	**16.0**
Sì, per incompatibilità	**11.7**
Sì, per altre motivazioni	**10.6**
B13 - Svolgimento attività musicali esterne	
No, a eccezione delle esercitazioni individuali	**28.3**
Sì, sotto la guida di soggetti esterni	**16.3**
Sì, per accrescere autonomamente la preparazione	**28.3**
Sì, per diletto o azione sociale	**27.1**

4.4 Valutazione artistica del percorso di studio

I dati relativi alla "valutazione artistica" del percorso di studio (Quadro C) sono illustrati nella successiva tabella 3.

Tra i quesiti posti, il primo di essi (voce C1) mostra quanto la necessaria specificità dei corsi seguiti possa compromettere una completa formazione culturale degli studenti. Quasi la metà dei soggetti (48.9%) non ravvisa questo rischio mentre un altro 30.4%, pur non ravvisandolo, riterrebbe opportuno l'inserimento di discipline culturali non direttamente riconducibili all'ambito musicale. Solo il 20.7% dei rispondenti ritiene invece necessario l'ampliamento dello spettro formativo al fine di non compromettere una più organica formazione culturale.

In tutte le scelte operate ci si trova a dovere valutare la coerenza tra il proprio vissuto e le aspettative con le quali lo si è inizialmente affrontato. Risulta così (voce C2) che solo il 6.4% ravvisi una sostanziale disattesa per quanto ipotizzato mentre la maggioranza netta vede un accoglimento del proprio immaginato in maniera sostanziale (47.9%) o addirittura completa (45.7%).

Se andiamo nello specifico delle discipline singole, valutando la loro corrispondenza con il percorso idealmente ipotizzato (voce C3), riscontriamo l'adesione al modello didattico proposto di circa uno studente su tre (34.0%) mentre una quota praticamente identica (33.0%) ritiene invece di provvedere a mutamenti consistenti nell'eliminazione di alcune discipline cui, diversamente, si contrappone il 21.3% dei soggetti che vorrebbero invece un ampliamento dell'offerta formativa. Il quadro emergente è quindi estremamente articolato.

Sulla stessa onda, la successiva voce C4 mostra come nel bilanciamento tra le attività svolte e il percorso seguito un soggetto su due (50.5%) ravvisi la necessità di un necessario ribilanciamento tra corsi che riguardi, almeno stando alle specificazioni date, un sostanziale incremento del tempo da dedicare allo studio specifico dello strumento prescelto. Tali comportamenti risultano anche differenziarsi in maniera significativa tra i Conservatorî (χ^2=9.7, g.l.=4, p=0.05).

Apparentemente contraddittorio appare il dato che emerge dalla voce C5 per la quale ben lo 80.6% ritiene che l'impegno individualmente richiesto per lo studio risulti invece adatto allo scopo. Ciò che appare sembra dunque essere solo una "lacuna" delle attività svolte collegialmente o comunque riconducibili a una "imposizione" derivante dall'ordinamento dei corsi. Anche qui si ha significativa difformità tra i contesti investigati (χ^2=10.5, g.l.=4, p=0.03).

Dalla voce C6, relativa all'approccio che i Docenti hanno con l'insegnamento, risulterebbe emergere un quadro di sostanziale "staticità" dell'istituzione formativa visto che l'appellativo di "tradizionale", con o senza apertura ai cambiamenti, caratterizza bel oltre della metà dei giudizi (68.7%). Diversamente, meno di uno studente su tre (30.2%) ritiene di poter etichettare come "dinamico" l'atteggiamento seguito dai Docenti.

Diversamente dall'approccio adottato dai Docenti, la voce C8 relativa al rapporto instaurato dagli studenti con questi ultimi, mostra come esso sia giudicato stimolante ed empatico dalla metà dei soggetti (50.0%) cui possiamo assommare anche il 41.5% di essi che, pur definendolo formale, ne gradiscono la costruttività. Sembra dunque che nella stragrande maggioranza dei casi si abbia un approccio del corpo docente molto proiettato sugli studenti, cosa questa chiaramente derivante dalla stretta frequentazione che si ha con molti di essi ma anche da un'effettiva predisposizione degli insegnanti a cogliere le istanze dei discenti.

Guardando all'altra faccia del vissuto interpersonale, se guardiamo al rapporto che si viene ad instaurare con i compagni di studio (voce C8) vediamo emergere un ambiente sostanzialmente sereno in cui l'empatia e lo stimolo ricevuto dagli altri studenti è ritenuto premiante dalla metà dei soggetti (53.3%). Una cospicua quota (34.0%) lo giudica poi comunque cordiale anche in assenza di particolare condivisione.

L'espressività nell'esecuzione (voce C9) è considerata essere tratto saliente in campo musicale (72.8%) delineando dunque una figura ascrivibile più "alle arti che non ai mestieri". Solo una quota minoritaria ritiene infatti di primaria importanza l'aspetto puramente tecnico (16.3%).

Nel Paese del "bel canto" solo uno studente su quattro (24.5%) ritiene di poter trovare quanto necessario ad una completa formazione musicale (voce C10). La metà di essi ritiene invece come solo "frequentando" determinanti Paesi esteri si possa, o si potrebbe, giungere a questo traguardo. Quelli di lingua tedesca risultano i più graditi (51.1% sul totale delle preferenze espresse).

Non sorprende infine (voce C11) come nel proprio futuro gli studenti si vedano inquadrati nella categoria dell'artista (35.4%). Il 32.3% si considererebbe invece, meno emotivamente, come professionista (della musica, supponiamo). Ben il 28.0% si colloca, almeno idealmente, nella categoria degli insegnanti.

Tabella 3. *Valutazione artistica del percorso formativo (n=94). Valori % sul totale delle risposte fornite*

Voce	Valori
C1 - Compromissione formazione culturale completa	
No, per comunque richiesti approfondimenti culturali	**48.9**
No, ma con necessità di maggiori contenuti formativi	**30.4**
Sì, con necessità di maggiore formazione generale	**20.7**
C2 - Coerenza tra aspettative e percorso formativo	
Sì, completamente	**45.7**
Sì, solo parzialmente	**47.9**
No	**6.4**
C3 - Corrispondenza tra discipline e percorso atteso	
Sì	**34.0**
Sì, ma con necessario ampliamento dell'offerta	**21.3**
No, con necessità di alcune eliminazioni	**33.0**
Non esprime opinioni	**11.7**
C4 - Bilanciamento tra attività e percorso di studio	
Sì, bilanciamento adeguato	**37.4**
Sì, per fiducia con chi programma le attività	**12.1**
No, necessitano adeguamenti	**50.5**
C5 - Adeguatezza dello studio individuale richiesto	
Sì	**80.6**
No, ma si confida nell'esperienza dei Docenti	**15.1**
No, ritenendolo eccessivo	**4.3**
C6 - Giudizio sull'approccio dei Docenti all'insegnamento	
Tradizionale e poco incline ai cambiamenti	**21.5**
Tradizionale ma aperto ai cambiamenti	**47.2**
Dinamico ma cauto nell'innovazione	**15.1**
Dinamico e proiettato alla sperimentazione	**15.1**
Altra tipologia di approccio	**1.1**
C7 - Giudizio sul rapporto con i Docenti	
Distaccato e sofferto	**3.2**
Istituzionale e senza trasporto	**2.1**
Formale ma costruttivo	**41.5**
Empatico e stimolante	**50.0**
Altra caratterizzazione	**3.2**

Tabella 3. (segue) *Valutazione artistica del percorso formativo (n=94). Valori % sul totale delle risposte fornite*

Voce	Valori
C8 - Giudizio sul rapporto con gli studenti	
Distaccato e superficiale	**2.1**
Cordiale ma senza particolare condivisione	**34.0**
Competitivo ma costruttivo	**8.5**
Empatico e stimolante	**53.3**
Altra caratterizzazione	**2.1**
C9 - Caratteristiche privilegiate nell'esecuzione	
Tecnica	**16.3**
Espressività	**72.8**
Altre caratteristiche	**10.9**
C10 - Paesi di riferimento per la preparazione musicale	
Italia come riferimento sufficiente	**24.5**
Paesi che, più dell'Italia, assicurano preparazione	**55.3**
Parere non espresso	**20.2**
C11 - Ipotesi categoria professionale di inserimento	
Professionista	**32.3**
Artigiano	
Insegnante	**28.0**
Impiegato	**1.1**
Artista	**35.4**
Altra tipologia di inserimento	**3.2**

4.5 Valutazione della coerenza tra percorso e realizzazione professionale

Nel Quadro D si investiga la coerenza tra il percorso formativo seguito in Conservatorio e la realizzazione professionale. La prima delle domande poste (voce D1) discrimina appunto tra queste due situazioni orientando verso sezioni complementari del questionario. Secondo quanto dichiarato, il 73.4% dei rispondenti aveva o aveva avuto una qualche esperienza lavorativa risultante adeguatamente retribuita in meno della metà dei casi (42.1%). La parte restante (26.6%), pari ad un quarto del totale, dichiara invece di non poter vantare concrete esperienze lavorative, almeno nell'accezione di attività in qualche modo retribuita. Tale dato risulta poi essere significativamente relazionato all'istituzione frequentata (χ^2=12.8, g.l.=4, p=0.01), secondo uno schema che vede diminuire la quota di occupati con la dimensione demografica del contesto (struttura C vs strutture A e B). Difficile stabilire se questo debba attribuirsi alle peculiarità dei Conservatorî piuttosto che alle possibilità lavorative maggiormente espresse dai contesti territoriali più popolati, ammesso di avere in essi la collocazione lavorativa!

Guardando ora a coloro i quali hanno dichiarato esperienza (tab. 4a) possiamo notare (voce D2a) come oltre la metà dei soggetti (55.2%) abbia trovato un'occupazione coerente con il percorso seguito. Così, c'è da constatare come la maggior parte di coloro che risultano seguire corsi strumentali si trovino a esprimere in tale campo la loro preparazione. Non secondario il dato (38.8%) riguardante coloro che invece si trovano a occupare professioni, almeno per il momento, non direttamente riconducibili al percorso formativo seguito, con una quota minoritaria, pari al 6.0%, che dichiara invece di essere occupata in altro modo non chiaramente riconducibile alla formazione musicale.

Se andiamo poi a vedere la modalità con la quale si è "trovata" occupazione (voce D3a), la stragrande maggioranza (88.3%) riferisce di averlo fatto in maniera completamente autonoma o comunque per mediazione di figure appartenenti alla propria cerchia di conoscenze. Meno di uno su dieci (8.8%) è stato invece indirizzato al lavoro direttamente dalla struttura di formazione mentre solo il 2.9% dichiara di essere ricorso alla mediazione di un'agenzia esterna.

Infine, per quanto riguarda il giudizio espresso in merito alla corrispondenza tra il profilo formativo creato e quello richiesto nella mansione ricoperta (voce D4a), i tre quarti dei soggetti (75.0%) lo giudica in maniera discreta o più lusinghiera mentre solo un quarto (25.0%) giudica scarsa tale corrispondenza.

Se passiamo ora alla parallela analisi di coloro i quali non hanno ancora vissuto esperienze lavorative (tab. 4b) notiamo subito come la quasi totalità di essi (88.0%) ritenga (voce D2b) che il Corso seguito sia funzionale all'ottenimento del lavoro o in forma completa o, con ugual propensione, in forma parziale. Una marginale quota, pari al 4.0%, ritiene invece del tutto assente questa funzionalità mentre il restante 8.0% la giudica positivamente ma solo in riferimento ad alcune peculiari collocazioni lavorative.

Guardando invece alla possibilità di professionalizzare direttamente il Diploma (voce D3b) quasi la metà dei rispondenti (48.0%) ritiene che questo possa avvenire anche se, la maggior parte, lo ritiene punto terminale di una ricerca lunga e difficoltosa. Quasi un quarto dei soggetti (24.0%) nutre invece dubbi sulla possibilità di avere occupazione in conseguenza della spendibilità del titolo cui si aggiunge un ulteriore 8.0% che ritiene la cosa fattibile ma solo al prezzo di un mutamento di aspettative. Il 16.0% ritiene poi di non voler utilizzare il titolo a fini lavorativi; trattasi ovviamente di soggetti che hanno già occupazione stabile o che per vari motivi (età, aspettative, ecc.) considerano il percorso solo a fine di investimento culturale.

Oltre i due terzi dell'utenza (69.6%) ha contatti con persone diplomate e già occupate (voce D4b), il ché fa presumere un intenso scambio informativo sulle reali prospettive occupazionali.

Se andiamo ad analizzare comparativamente le due tipologie di soggetti possiamo infine notare come non vi siano grandi scostamenti tra le aspettative e la relativa occupazione anche se, almeno nella maggior parte dei casi, essa risulta sicuramente iniziale e provvisoria.

Tabella 4a. *Coerenza tra percorso formativo e realizzazione professionale. Soggetti con esperienze lavorative retribuite (n=69). Valori % sul totale delle risposte fornite*

Voce	Valori
D2a - Mansione lavorativa ricoperta	
Coerente con il percorso formativo seguito	55.2
Attività musicale o didattica di altro genere	38.8
Altra attività	6.0
D3a - Modalità reperimento lavoro	
In autonomia o per tramite conoscenze personali	88.3
Per mediazione del Conservatorio	8.8
Tramite agenzia esterna	2.9
Altra modalità	
D4a - Corrispondenza tra profilo formativo e richiesto	
Scarsa	25.0
Discreta	42.7
Buona	27.9
Ottima	4.4

Tabella 4b. *Coerenza tra percorso formativo e realizzazione professionale. Soggetti senza esperienze lavorative retribuite (n=25). Valori % sul totale delle risposte fornite*

Voce	Valori
D2b - Funzionalità del Corso per l'occupazione	
Sì, completa	44.0
Sì, ma solo parziale	44.0
Sì, ma solo per alcune tipologie lavorative	8.0
No	4.0
D3b - Possibilità di professionalizzare il Diploma	
Finalizzato ad una "facile" occupazione	4.0
Finalizzato ad una "non facile" occupazione	44.0
Dubbi sulla collocazione lavorativa	24.0
Possibili mutamenti di aspettative nell'occupazione	8.0
Non utilizzo del Diploma a fini lavorativi	16.0
Altra auspicata situazione	4.0
D4b - Contatti con diplomati con esperienza lavorativa	
Si	69.6
No	30.4

4.6 Notizie socio-grafiche

L'ultimo dei quadri previsti dallo strumento (Quadro E) rileva alcune elementari notizie relative agli studenti e al loro contesto familiare.

I dati che emergono dal collettivo esaminato (tab. 5) mostrano come la ripartizione per sesso (voce E1) porti a un sostanziale bilanciamento tra maschi (51.6%) e femmine (48.4%).

Guardando all'età degli studenti (voce E2), il valore medio si attesta su 24 anni (M=24.4, Σ=7.0).

La provenienza geografica (voce E3) conferma il modello di un bacino d'utenza localizzato nel territorio comunale (20.2%), provinciale (26.6%) o dei territori confinanti (31.9%). Interessante annotare la presenza di un 6.4% di studenti non italiani la cui provenienza si ripartisce equamente tra paesi europei ed extraeuropei.

Naturale conseguenza dell'età dei soggetti è il possesso di un particolare titolo di studio (voce E4) che caratterizza con il diploma il 73.4% dei soggetti con a seguire il 18.1% che possiede una laurea, di primo o secondo livello, o un titolo superiore.

Guardando al nucleo familiare di provenienza (E5) colpisce il fatto che il 42.6% dei soggetti proviene da famiglie in cui almeno un genitore risulta laureato cui va aggiunto il 31.9% di chi ha in casa almeno un diplomato. Sembra quindi delinearsi un quadro culturale di provenienza decisamente sopra la media. A conferma di questo (voce E6) in meno della metà delle famiglie (46.9%) non si hanno particolari competenze musicali che troviamo invece, nella forma professionale, nello 11.7% dei casi cui dobbiamo assommare il 7.4% di chi suona uno strumento e il 34.0% di chi comunque viene considerato almeno appassionato di musica. Il settore prevalente di attività dei genitori (voce E7) non risulta ricadere in nessuna delle categorie specifiche previste (34.0%). Chiude poi il quadro la richiesta di valutare le disponibilità economiche familiari (voce E8), da cui emerge come nella grande maggioranza delle situazioni (76.3%) definiscono una relativa "tranquillità economica".

Tabella 5. *Notizie socio grafiche dei rispondenti (n=94). Valori % e assoluti sul totale delle risposte fornite*

Voce	Valori
E1 – Genere	
Femmina	**48.4**
Maschio	**51.6**
E2 – Età	
Media	**24.4**
Deviazione standard	**7.0**
E3 - Provenienza (rispetto alla sede del Conservatorio)	
Stesso Comune	**20.2**
Stessa provincia	**26.6**
Provincia confinante	**31.9**
Altra provincia	**14.9**
Stato estero europeo	**3.2**
Stato estero extraeuropeo	**3.2**
E4 - Livello d'istruzione già conseguito	
Licenza media	**7.4**
Diploma di maturità	**73.4**
Titolo universitario di primo livello	**11.7**
Titolo universitario di secondo livello o superiore	**6.4**
Altro	**1.1**
E5 - Livello d'istruzione dei genitori	
Senza titoli superiori	**19.1**
Almeno un genitore diplomato	**31.9**
Almeno un genitore laureato	**42.6**
Altra situazione	**6.4**
E6- Competenza musicale dei genitori	
Nessuna in particolare	**46.9**
Almeno un genitore appassionato di musica	**34.0**
Almeno un genitore suona uno strumento	**7.4**
Almeno un genitore pratica professioni musicali	**11.7**
E7 - Settore economico prevalente dei genitori	
Agricoltura	**4.3**
Industria	**11.7**
Commercio	**17.0**
Servizi	**33.0**
Altro	**34.0**
E8 - Disponibilità economiche familiari	
Non consone a una normale esistenza	**8.6**
Consone a una normale esistenza	**76.3**
Più che consone a una normale esistenza	**15.1**

5. Conclusioni

Pur con tutti i limiti imposti alla formazione e, soprattutto, alla rappresentatività del corpo dei dati ottenuti, l'indagine permette di delineare alcuni scenari utili a focalizzare l'attenzione sulla realtà dei Conservatorî inquadrandoli nel contesto formativo della società contemporanea e ponendone forse in discussione alcune funzioni. Diventa così estremamente importante, quasi un obbligo, ripensare almeno in parte la prassi formativa tenendo conto dei mutamenti e delle trasformazioni in atto. Lo sguardo attento, rivolto all'interno, è da considerare indispensabile per riflettere sulla struttura organizzativa e portare alla luce il problema dell'educazione e della formazione musicale, a partire da come emerge dal percorso storico. Un equilibrio instabile nel corso degli anni ha cercato di mantenere insieme identità e formazioni eterogenee, rivolte alla ricerca di uno sviluppo coerente, per coglierne la logica che ne prefigura l'evoluzione. Qui, come in altri contesti, la difficile sfida sembra dunque essere quella di coniugare il rigore della formazione d'eccellenza con i necessari adeguamenti indotti dai repentini mutamenti in atto.

Appendice A: Testimonianze

Ludovico Bramanti

(Già Direttore Conservatorio "Rossini", Pesaro)

La Musica per me è stata una scelta di vita. Un impegno costante che ho affrontato studiando sin dall'infanzia, con passione e metodo. Fui affascinato sin dai primi concerti che ascoltavo accompagnando i miei genitori e in particolare folgorato dalla figura del solista, incantato dal suo far scorrere le mani sul pianoforte e ricavarne dei suoni che mi emozionavano. Decisi guardando le doti di virtuosismo del solista che quello "era ciò che mi sarebbe piaciuto fare e volevo fare" da grande.

Nella mia esperienza determinante è stato la riflessione su come costruire e organizzare il sapere musicale. Di quel sistema di suoni organizzato intorno a una nota ritenuta più importante delle altre e a cui le altre note tornano, creando accordi basati su regole ben precise. La musica è un "linguaggio dello spirito" che nella sua forma strumentale arriva a tradursi in un "simbolo non consumato". Il rischio se lo studio diventa troppo specialistico è di rimanere chiusi in se stessi.

Anche per questo alla fine nei Conservatorî in gran parte ci si è mossi con lungimirante prudenza aprendo a nuove possibilità. Non dimentichiamo che i musicisti, pur se in forma settoriale, perseguono una certa forma di "erudizione" che si riconosce in ideali "classici." Le sue tracce sono antiche riconoscibili sia sotto forme artistiche che negli strumenti antichi rinvenuti. Si lega al mistero e al sacro ha dei collegamenti con i rituali e le cerimonie. La Musica degli antichi greci e romani non sappiamo come realmente fosse, anche se rimangono delle raffigurazioni sulle ceramiche e nelle poesie. Ogni cerimonia aveva la sua Musica.

Tra arte e strumenti con tutta probabilità c'è stata un'evoluzione comune. La teoria musicale come la conosciamo oggi è stata fondata dai Greci. Fu Pitagora per primo a definire gli intervalli musicali come divisioni matematiche di una corda. Uno sviluppo sistematico alla Musica fu dato in Occidente dalla Chiesa. Il canto che chiamiamo gregoriano fu codificato nel VI secolo. Il repertorio è melodico vocale, non ha accompagnamento, cantato in latino. Furono alcuni monaci cristiani intorno all'XI secolo a sviluppare il fondamento della scrittura di note e ritmi. L'evoluzione della tecnica porterà al sistema odierno di datazione. La Musica prima della notazione era trasmessa soprattutto con la notazione orale.

Oggi è la Musica etnica che si affida in prevalenza alla trasmissione orale. Molti musicisti jazz affidano la loro arte all'improvvisazione. Paul McCarty è l'esempio di un musicista pop che non sa leggere la Musica. La Musica, il cui impatto è straordinario, è una risorsa culturale che non può essere ignorata, né messa ai margini. I Conservatorî ridefiniti e adattati sul piano istituzionale, rispetto alla precedente autorità verticale e paternalista che a lungo li ha caratterizzati per dare impulso a una rinascita dell'attività musicale, considerano che le risorse per la cultura in Italia sono sempre state scarse.

La Musica in Italia è ancora in gran misura per molti una conoscenza e un sapere inaccessibili. Negli ultimi anni si è risvegliato un dinamismo più profondo, con l'introduzione di diverse e fondamentali innovazioni, alla ricerca di un sostegno culturale e istituzionale. C'è da ricordare che agli inizi degli anni '60 c'era già stato un cambiamento intellettuale, nell'affermarsi di una nuova concezione sia educativa che formativa. L'insegnante, il maestro è sempre stato una cassa di risonanza che suggerisce, trasmette e partecipa. È chiamato a trasmettere in primo luogo la tecnica che l'allievo deve riprodurre, con numerosi esercizi, avvalendosi di uno schema mnemonico. Oggi si tratta di dare nuova vitalità e nuovi valori e stimolare una nuova apertura verso la società. La musica sembra ed è in parte complessa, un insieme di regole importanti, fondamentali per la musica.

La Musica, complessa e articolata, ha in sé delle istruzioni nascoste, ma ben definite che la pervadono. In base a esse tutto è stato costruito. Si tratta di elementi piccolissimi che contengono in loro tutto quello che verrà sviluppato. Basti pensare al contrappunto che si sviluppò nel tardo Medioevo e nel Rinascimento. I capolavori classici rimangono e vengono riconosciuti tali, perché non perdono di coerenza e attualità e continuano a far parlare. Lo studio, l'ascolto, l'amore per la Musica permette di trarre idee nuove e ispirazioni che ognuno trasforma nel proprio stile compositivo.

È un modo di provare le emozioni, di lasciare che ci attraversino, per scoprirle e comprenderle. Ci consente di crescere e capire noi stessi. I Conservatorî dovrebbero avere la capacità di trasmettere a diversi livelli. Il "Concerto pubblico" si afferma nell'Ottocento, ma è nel Novecento che si sviluppa la storiografia musicale e soprattutto la filologia musicale. Molta musica del passato è stata recuperata, studiata e nuovamente eseguita con lo stile e gli strumenti dell'epoca. I gusti, le mode e le abitudini di ascolto mutano nel tempo. È il grande pubblico che ha consacrato Beethoven. Molti compositori reputati oggi grandi della storia della musica in passato erano visti diversamente. Musicisti che oggi sono dimenticati ai loro tempi erano dei veri e propri divi: Haydn, Mozart e Beethoven identificano il Classicismo. Haydn in vita era considerato un compositore grandissimo e famosissimo. La musica di Bach, riconosciuto come uno dei grandi autori di tutti i tempi, negli ultimi anni della sua vita era già fuori moda e stava cadendo nell'oblio. Un limitato numero di esperti iniziò a studiarla solo dopo la sua morte. Fu Felix Mendelssohn nel 1829 a eseguire la *Passione secondo Matteo* e riscoprire la musica di Bach e riportarla all'attenzione del grande pubblico. Fama e celebrità dei compositori sono mutate molto nel corso del tempo: Rossini ai suoi tempi era una vera e propria star.

La visione moderna della musica classica è filtrata da come la stessa musica giunge agli ascoltatori. Il repertorio spesso inserito nei programmi dei concerti non arriva a esprimere l'importanza o la qualità della musica. La storia della musica classica tende a focalizzare l'attenzione su un numero limitato di compositori e figure cruciali, con pochi nomi che identificano interi stili o periodi. Si identificano come "grandi" compositori solo una punta dell'iceberg, dimenticandosi di molte donne compositrici. Il panorama è più complesso, popolato da molte figure, meno note al pubblico, ma storicamente importanti e con produzioni musicali di livello altissimo.

Dalla metà dell'Ottocento l'insegnamento della Musica vede un progresso consistente, ma lo spazio a essa riservato segue nel tempo un percorso altalenante. L'educazione musicale inserita nel sistema scolastico con la Riforma Gentile a partire dal 1923 avrà un ampio riconoscimento negli anni successivi. Nel 1945 è il ministro Arangio Ruiz a sopprimere l'insegnamento musicale nel triennio inferiore. Si passa dai sette anni precedenti ai soli quattro anni del corso superiore, con solo un'ora settimanale di Musica. Il "colpo di grazia" verrà prospettato dal progetto di riforma della scuola del ministro Medici che per fortuna non andrà in porto. Al docente del Conservatorio a lungo si è assegnata la funzione dell'artigiano, con l'obiettivo di formare dei musicisti a propria immagine e somiglianza. Trasmettere il proprio bagaglio di abilità come un ricalco. All'allievo spetta copiare e ripetere ciò che il maestro indica direttamente. Un esercizio meccanico e antimusicale.

I maestri del Conservatorio sono soliti lamentarsi del basso livello d'istruzione musicale dei cittadini e assegnano la responsabilità alla scuola dell'obbligo, con i suoi insegnanti. Ma non dimenticano che nel fallimento dell'insegnamento della musica sia nella scuola elementare che nell'istituto magistrale un ruolo è esercitato dai metodi inefficaci.

Nella Musica si rispecchia la nostra organizzazione emotiva. Quando ci colpisce entra dentro di noi e rende visibile l'invisibile. Eccita e riflette gli organi interni e arriva a descrivere un sentire che va oltre l'apparato uditivo. Ci porta a entrare in relazione con ciò che percepiamo e sentiamo, sotto lo specifico effetto emotivo, in un turbine di emozioni.

La Musica è una sorgente inesauribile di emozioni, sempre disponibili che si fa scegliere per essere ascoltata. È un regalo nel saper donare qualcosa che non svanisce. L'entusiasmo e l'eccitazione generate dal ritmo affascinano nell'esercitarsi all'ascolto. L'elaborazione dell'energia emotiva avvia all'introspezione. I climi emotivi alimentano il continente della malinconia. La Musica di natura malinconica può essere di rilevante aiuto al carattere volitivo. Chi propende alla riflessività interiore ama ascoltare soprattutto gli strumenti a corde e predilige più il timbro morbido del pianoforte, rispetto a quello vivace. Negli ascolti si vive l'intimità emozionale. La Musica coinvolge emotivamente e intellettualmente, quando è profonda mette in modo il mondo interiore. Il suono celebra dei sentimenti che riflette in modo istintivo e provoca degli effetti. È possibile un ascolto emotivo consapevole che ne espande le potenzialità.

La Musica è una forma d'arte invisibile, una dimensione altra che è fondamentale. Il suono attraversa la persona e l'accarezza, la consola, ne sprona la volontà. Suscita emozioni e stati d'animo, evoca un mondo emotivo. Nel chiederci quali sono i valori della Musica, cosa comunica e smuove anche quando la si ascolta attraverso una registrazione non dobbiamo dimenticare le tradizioni musicali negli ambiti extraeuropei che meriterebbero ulteriori riflessioni. Hanno storie distanti dalla nostra tradizione e non sempre comprensibili immediatamente. Sono esempi di musica "altra". Ma danno la possibilità di scoprire sonorità, strumenti e composizioni sorprendenti.

Molti compositori all'inizio, in quanto veri innovatori, non sono stati compresi, ma anzi li si è criticati, ritenuti fastidiosi, inascoltabili. Solo il tempo successivamente ha dato loro ragione. La società ne ha assimilato le idee dirompenti e in tanti si sono ispirati alle loro musiche, recuperandone le novita, traducendole in veri e propri progetti. La Legge 508 del 1999 ha modificato la struttura dei Conservatorî, riconoscendo l'importanza dell'autonomia in un'ottica parallela che ha come punto di riferimento il sistema universitario il rischio è di rimanere invischiati in un eccesso di burocrazia e di disattendere molte aspettative.

I Conservatorî sono chiamati a dover tenere conto dei cambiamenti in atto, ma la società civile e soprattutto il mondo politico dovrebbe prestare più attenzione alle realtà territoriali con tutte le loro specificità.

Paolo Chiavacci

(Direttore Conservatorio "Bruno Maderna", Cesena)

Il Conservatorio è una scuola atipica che, pur inquadrandosi nella fascia accademica, deve declinare i propri percorsi formativi legandoli indissolubilmente allo sviluppo dei talenti naturali. La frequenza degli anni accademici è infatti sempre legata al livello delle competenze acquisite, pertanto si verificano spesso casi di *ensembles* vocali e strumentali o di classi collettive con età compresa in un *range* molto più diversificato e allargato di quanto non si riscontri nelle Università.

Aggregando i discenti e i docenti in gruppi trasversali le cui competenze e le cui applicazioni vengono reciprocamente condivise nonostante le differenze, il Conservatorio crea ambiti di prezioso potenziale educativo, valorizzando sia il rapporto individuale che lega l'allievo al maestro, sia le relazioni nel gruppo, armonizzando le diversità.

Questa è la mia idea del Conservatorio, alla quale ho lavorato in questi anni di direzione del Maderna, ed è stato veramente interessante trovarne una conferma nei dati forniti dall'indagine statistica sui percorsi educativi per la professione musicale dell'Università di Pesaro e Urbino, visto che gli studenti intervistati hanno dichiarato in una percentuale direi molto elevata che sia il rapporto con i propri docenti che con i propri compagni di studio risulti 'empatico e stimolante' (e forse questa è anche la ragione per cui a mia memoria non si sono mai verificati in Conservatorio casi di bullismo).

Tale prerogativa, il rapporto cosi umanizzante che lega gli allievi fra loro e i docenti agli allievi, può avere un rovescio della medaglia in una certa propensione al ripiegamento su se stessi, ad una qualche chiusura nei confronti dell'esterno, carattere tipico, del resto, di una certa tipologia di artista.

Ritengo pertanto che la partecipazione ad un progetto di indagine sul Conservatorio presentato dall'esterno abbia costituito un utilissimo momento di confronto e di riflessione sull'Istituzione e sui suoi componenti, soprattutto in quanto incanalata in uno strumento con caratteristiche di scientificità e di ricerca, tale da costituire un utile aggiornamento, anche per i non addetti ai lavori, sulla conoscenza di alcuni aspetti che di solito non vengono monitorati internamente.

Fra le altre cose mi ha molto colpito, per esempio, il giudizio che viene dato sull'approccio dei Docenti all'insegnamento, giudicato non del tutto mancante di aggiornamento e innovazione ma ancora abbastanza tradizionale: è un dato importante che ci indica quanta strada abbia ancora da percorrere la formazione musicale in Italia pur avendo avuto una importante riforma del sistema con la legge 508.

Confortanti, contrariamente a quanto si poteva pensare, risultano i dati relativi all'occupazione, visto che solo il 6% dichiara di avere un lavoro non del tutto coerente con il proprio percorso formativo musicale. Contraddittori con la mission professionalizzante delle Istituzioni Afam mi paiono invece, in qualche modo, i dati relativi all'esclusività della frequenza dei corsi, dove leggiamo che non raggiungono il 28% coloro che frequentano esclusivamente il Conservatorio. Su questo ci sarà sicuramente da lavorare, in termini di qualità, di rilancio dei percorsi formativi, di creazione di reti con il mondo del lavoro in ambito musicale.

Mi fermo qui perché non spetta certo a me tirare le conclusioni sull'indagine, tanto meno posseggo le competenze per farlo. Desidero solo infine sottolineare che anche nei confronti di questa ricerca il Conservatorio ha reagito con la consueta empatia, collaborando fattivamente e rendendo esplicita una relazione con l'Università che non può che portare nuove competenze, aggiornamento, reciprocità.

Gabriele Moroni

(Docente Storia della musica Conservatorio "Rossini", Pesaro)

Ho cominciato tardi a studiare musica, a sedici anni: nella mia famiglia non c'era nessuno che praticasse la musica e quindi l'avvicinamento a questa arte è stato un fatto assolutamente personale del quale non saprei nemmeno spiegare bene le ragioni. Dopo un anno di studi privati ho deciso di iscrivermi al Conservatorio, che allora rappresentava il più alto livello di istruzione che si potesse immaginare in Italia: mi ricordo che il mio insegnante mi sconsigliò a iscrivermi, credo perché riteneva troppo impegnativo il "doppio studio". Allora infatti ero iscritto al secondo anno del Liceo classico e per frequentare il Conservatorio mi trovai a viaggiare da Senigallia a Pesaro per due giorni la settimana. La mia passione era l'organo, ma lo studio era assai faticoso perché nella mia città non c'era uno strumento adatto, cioè con una grande pedaliera, e dovevo spostarmi in continuazione per studiare: Monterado, Fano, Corinaldo... Ero un ragazzo che doveva affidarsi ai mezzi pubblici per spostarsi e l'impegno necessario per lo studio in Conservatorio certamente mi condizionò anche nella scelta degli studi universitari: mi era arrivato un bando di concorso per l'iscrizione alla Normale di Pisa, ma pensando agli spostamenti nemmeno lo presi in considerazione. Mi ricordo che al confronto l'Università (ero iscritto a Lingue straniere a Urbino) mi sembrava molto più leggera: tra novembre e giugno mi dedicavo principalmente al Conservatorio, e d'estate preparavo gli esami per l'Università. Sono convinto che oggi gli studenti abbiano più agio a studiare, perché sono facilitati negli spostamenti e hanno a disposizione più mezzi: certo lo studio resta sempre assai impegnativo e richiede una grande disciplina individuale. A Pesaro oltre ad Organo ho studiato composizione e musica elettronica, purtroppo senza portare a termine l'una e l'altra. L'ambiente allora era molto vivo e, soprattutto nel campo della composizione e del pianoforte, c'erano nomi che poi sono entrati nella storia: cito solo il mio maestro di composizione, Aldo Clementi. La distribuzione degli studenti era assai eterogenea: c'erano quelli delle superiori, molti delle medie inferiori, alcuni delle università, insomma convivevano nella stessa istituzione persone che avevano una notevolissima preparazione intellettuale e altre (da insegnante l'ho riscontrato personalmente) che potevano avere addirittura difficoltà a leggere. Dopo qualche anno la mia insegnante d'organo si è trasferita a Parma e, come spesso avveniva e in parte avviene anche oggi, io e molti miei compagni "di classe" l'abbiamo seguita. A Parma mi sono diplomato due anni dopo avere conseguito la laurea (nel frattempo mi ero trasferito a Lettere moderne), ed è stato in buona parte grazie alla Laurea, con tesi in Storia della musica, che ho trovato lavoro nel giro di sei mesi al Conservatorio dell'Aquila: era un ambiente bellissimo dal punto di vista umano, e benché piccolo il numero di studenti vi insegnavano musicisti di altissimo livello, in gran parte provenienti da Roma. Dopo un anno passato a L'Aquila (ancora studiavo in Conservatorio a Parma dove mi recavo ogni settimana, dico questo per fare capire quali sacrifici possa trovarsi a sostenere uno studente di Conservatorio, dal momento che io non ero certo un'eccezione), ho insegnato per pochissimo tempo a Parma e quindi al Conservatorio di Alessandria, dove sono rimasto ben quattro anni. Nel 1982 mi sono trasferito a Pesaro, dove sono rimasto fino ad oggi... Il cambiamento fu per me un vero trauma: da una parte mi trovavo con più tempo e più soldi nelle tasche, dall'altra non riuscivo più a trovare agganci di lavoro: Alessandria era una piccola città, ma si trovava tra Milano Torino e Genova, e continue erano le richieste di lavoro; Pesaro mi è sempre sembrata una città assai provinciale. Nel 1999 si è avuta la riforma dell'istruzione musicale superiore (cioè nei Conservatorî), e sebbene con una esasperante lentezza (ancora devono essere attuate delle disposizioni della legge di riforma), molte cose sono cambiate. Mentre al tempo dei miei studi il livello di scolarizzazione degli studenti era molto diversificato, come avevo accennato, ora è sicuramente più omogeneo e di livello più alto: gli studenti sono in grandissima parte usciti da una scuola superiore ed hanno una preparazione più vasta (è normale che conoscano l'inglese). Una notevole differenza è data dal fatto che negli ultimi 10 anni sono aumentati di molto gli studenti stranieri, provenienti soprattutto dall'oriente europeo o asiatico. Molti colleghi si lamentano del livello musicale degli studenti di oggi, livello che ritengono inferiore: personalmente ritengo che questo possa essere vero e che dipenda da molteplici ragioni. Innanzitutto nel giro di 40 anni è enormemente aumentato il numero degli istituti di formazione musicale superiore, che non possono tutti essere frequentati da geni. Va poi aggiunto che oggi è molto più difficile per un musicista trovare lavoro, per cui molti preferiscono iscriversi ad altre università, oppure hanno un altro tipo di lavoro al quale non intendono rinunciare per studiare musica in maniera professionale. Per dare un'idea di come siano cambiate le opportunità di lavoro, ricordo che quando avevo 20 anni mi piombò sulla testa una supplenza di educazione musicale di due mesi, e che nel 1988 mi trovai a presiedere a Pavia una commissione che doveva esaminare una trentina di insegnanti di educazione musicale che avevano seguito un corso riservato per ottenere l'immissione in ruolo: in Italia vi erano infatti numerosi casi di insegnanti che avevano ottenuto supplenze per più anni senza avere conseguito il diploma di Conservatorio. La riforma del 1999, che ha uniformato l'istruzione musicale superiore agli standard europei secondo il Processo di Bologna, ha lasciato di fatto molti vuoti nel curriculum di studi, soprattutto nei livelli inferiori: ad esempio i licei musicali, che dovevano in qualche modo costituire il vivaio per l'istruzione superiore, sono stati istituiti molto dopo. Un aspetto che ritengo veramente positivo nella Riforma è l'aver cambiato, certamente in maniera non calcolata, il rapporto docente-discente. Nel Conservatorio si è mantenuto per secoli un rapporto che ricorda un po' la bottega artigiana dei pittori del Rinascimento e oltre: lo studente si trovava ad avere come riferimento principale, per 7 o 10 anni, l'insegnante dello strumento, che spesso si comportava come una chioccia, considerata anche l'età dello studente che poteva cominciare il corso di studi a 14 anni o prima e terminarlo a 22 anni o addirittura a 20 o meno. Oggi, con la frammentazione degli studi (scuole medie musicali, licei musicali o scuole specializzate, formazione superiore caratterizzata da 3+2 cioè triennio e biennio), lo studente si trova ad avere docenti diversi, per cui viene meno quel rapporto talora asfissiante (ma secondo alcuni anche la continuità didattica) che ancora ritrovo nei colleghi più anziani. Devo dire che negli ultimi tempi è cresciuta nei docenti l'insoddisfazione verso la Riforma, e che molti vorrebbero tornare al vecchio Conservatorio: sono soprattutto i più anziani, che ritengono che la grande quantità di insegnamenti aggiuntivi portati dalla Riforma distolga lo studente dallo studio dello strumento: si tratta di una Controriforma strisciante che ha dato risultati concreti (numerosi Conservatorî hanno ridotto il carico orario di questi insegnamenti che io chiamerei "aggiuntivi"). Molti colleghi, e purtroppo diversi di questi sono culturalmente ignoranti (ma molti altri, a testimoniare l'evoluzione della figura del docente, possiedono diploma di Conservatorio e laurea universitaria), non capiscono che oggi lo studente che esce dal Conservatorio ha davanti un mondo molto diverso: deve diventare imprenditore di se stesso, viaggiare e quindi conoscere le lingue, costruirsi un repertorio e quindi studiare la storia della musica, possedere gli strumenti che gli permettano di risolvere problemi filologici nell'esecuzione del pezzo. È, quello della istruzione musicale superiore, un mondo in profonda e continua trasformazione, che deve fronteggiare una cultura musicale generale che purtroppo, da oltre un secolo, è notevolmente bassa per molteplici ragioni: sono convinto che qualsiasi persona colta si vergognerebbe di non conoscere la Venere del Botticelli, ma non si farebbe scrupolo di confessare che non conosce il Don Giovanni di Mozart.

Michele Bartolucci

(Musicista)

Fu la maestra di scuola elementare Amelia Franchi a notare che avrei potuto avere qualche dote musicale. All'età di sette anni i miei genitori mi regalarono una piccola tastiera della Bontempi sulla quale a istinto riuscivo a trasferire sui tasti quelle canzoni imparate nel coro diretto da Don Enzo.

Da quel momento la musica non mi ha più abbandonato. A Urbino negli anni '70 non esistevano ancora vere e proprie scuole di musica, dovetti quindi prendere lezioni nella scuola privata del maestro Ubaldi in realtà non troppo competente, ma allora non mi importava più di tanto. In quel periodo ero interessato all'organo, uno strumento che ancora oggi mi affascina, anche per la presenza a Urbino e nel territorio di numerosi organi antichi di pregio artistico. Nella mia carriera, soprattutto agli inizi, ho sempre cercato l'amicizia di organisti facendo con loro diversi concerti in duo violino e organo.

L'incontro con violino avvenne più tardi, verso i dodici anni, quando mio zio mi regalò una audiocassetta con incise le quattro stagioni di Vivaldi suonate da Salvatore Accardo. Fui folgorato da quella esecuzione e decisi di intraprendere lo studio di questo strano strumento, all'apparenza molto ostico. Ma ancora una volta dovetti fare i conti con la misera realtà musicale urbinate di allora. Ancora non esisteva la scuola media a indirizzo musicale e gli unici violinisti che circolavano in città erano due o tre anziani, allievi negli anni '30-'40 di Giuseppe Zurlo, mitico maestro della Cappella Musicale del SS. Sacramento, antichissima istituzione fondata dal duca Guidubaldo nel 1506 che ebbe nel dopoguerra un periodo di crisi, fino al 1979, anno della sua riapertura.

Presi le prime lezioni di violino da Annarosa Di Gregorio, allora studentessa del Conservatorio "Rossini" di Pesaro, scuola in cui fui ammesso nel 1980, il periodo in cui era direttore il Maestro Michele Marvulli, grande pianista e direttore d'orchestra.

Dunque iniziai il violino piuttosto tardi rispetto alla media, ma la mia conoscenza della teoria musicale e soprattutto del sistema delle scale mi facilitarono molto durante i primi anni di studio della tecnica violinistica, inoltre dei tre anni previsti di pianoforte complementare, ne feci soltanto uno.

La strada certo, era tutta in salita, anche perché mi dividevo tra La scuola del Libro (sono ancora appassionato di disegno e dipingo quadri ad olio), e il Conservatorio. Avevo sempre i minuti contati. Ricordo le corse a perdifiato giù per Valbona, per arrivare in tempo e prendere la corriera che mi avrebbe portato a Pesaro, e poi di nuovo le corse dal Conservatorio per prendere l'ultimo pullman che mi avrebbe ricondotto a Urbino. E ancora ricordo i pomeriggi interi di esercizio e le nottate insonni sopra i libri, ma andavo avanti con molto entusiasmo perché ero animato da una grande passione.

Nel periodo adolescenziale sognavo calcare i palchi dei teatri di tutto il mondo e di viaggiare al seguito di una grande orchestra, suonando proprio quelle opere che ascoltavo e riascoltavo nella raccolta di 100 dischi in vinile di musica classica.

Avevo preso il Conservatorio molto seriamente e mi applicavo sul mio violino, uno strumento di fabbrica cecoslovacco da cui già al primo anno di corso riuscivo a tirar fuori brani di Veracini, Händel, Vivaldi, Corelli, Bach che suonavo con orgoglio nei saggi dell'Auditorium Pedrotti, una sala da concerto unica in Italia!

Arrivai dunque all'esame di quinto che riuscii a superare brillantemente e fu per me un grande onore avere il grande violinista Felix Ajo come presidente della commissione che mi fece i complimenti.

Gli anni che seguirono furono appassionanti ma anche molto faticosi e tormentati. Con grande soddisfazione iniziai a frequentare il corso di prove orchestrali, all'epoca spesso diretta dalla bacchetta esperta del M° Marvulli e in cui finalmente avevo modo di applicare i miei anni di studio, iniziavo pure le mie esperienze di musica da camera, suonando volentieri con i miei compagni, ma contemporaneamente sentivo di dover irrobustirmi dal punto di vista tecnico e le poche lezioni di violino individuale non erano sufficienti (in questo vedo un limite nella scuola). Avevo bisogno in altre parole di maestri esterni che potessero portarmi a quel miglioramento e salto di qualità a cui volevo arrivare.

Con i pochi risparmi riuscii ad acquistare un buon violino di liuteria dell'800, grazie a Richard Alexander, valido restauratore di strumenti antichi, lo stesso violino che ancora oggi suono e che mi soddisfa a pieno.

Risolto il problema dello strumento cercai di migliorare il mio bagaglio tecnico frequentando numerosi corsi di perfezionamento estivi. Non dimenticherò mai i corsi estivi organizzati da Hugo Aisemberg a cui seguivano i primi concerti pagati, il corso in Assisi con il mito del violino Ruggiero Ricci, uno dei più grandi virtuosi del secolo scorso, che in pochi giorni mi impostò il metodo di studio tecnico che ancora oggi utilizzo e si rivelò molto efficace, oppure i corsi di Reggio Emilia con Franco Gulli, altro caposaldo del violinismo del '900, che in poche lezioni rivoluzionò il mio modo di intendere la musica da camera.

Purtroppo erano situazioni molto sporadiche e occasionali, avrei avuto bisogno di un periodo più lungo e soprattutto più continuativo di lezioni, che il Conservatorio ahimè non poteva offrirmi.

La fortuna volle che subito dopo il diploma vinsi una borsa di studio in una accademia maceratese, in cui insegnava la grande violinista Dora Bratchkova, solista di fama internazionale e primo violino dell'orchestra di Saarbruchen. Con le sue lezioni a periodi stretti i miglioramenti non tardarono a verificarsi, nonostante avevo raggiunto l'età di venticinque anni e cominciava l'esigenza di trovare un lavoro.

In quegli anni ero iscritto alla Facoltà di lettere all'Università Carlo Bo di Urbino, frequentando il corso di Storia della Musica con il M° Alberto Zedda e laureandomi con il Prof. Francesco Luisi, massimo esperto di musica rinascimentale. Questi e altri docenti hanno avuto il merito di farmi cambiare il modo di vedere la musica, non più come una attività finalizzata alla "performance", ma una disposizione intellettuale e umanistica, rivolta soprattutto al miglioramento interiore a cui poi segue la realizzazione di qualcosa di bello attraverso la produzione dei suoni.

Mi laureai con lode con una tesi interdisciplinare in iconografia musicale. In seguito pubblicai anche un libro di narrativa "Urbinum musicae" edito da Quattroventi, una raccolta di sette racconti musicali sulle varie epoche della musica a Urbino dal medioevo al '900.

Visti i risultati (parte della tesi venne pubblicato su un volume di Ranieri Varese) tentai per un breve periodo di intraprendere la carriera universitaria. Infatti a Lecce si era aperta una cattedra proprio in iconografia musicale, ma poi non trovai i giusti appoggi e lasciai subito perdere.

Fu durante il periodo universitario che mi appassionai alla ricerca, alle fonti archivistiche e bibliografiche ed entrai in contatto con il mondo delle biblioteche, quello che in futuro sarebbe diventato il mio lavoro, ma allora ancora non lo immaginavo preso com'ero dai miei concerti.

Infatti nel '95 superai l'audizione come violino di fila nell'Orchestra Filarmonica Marchigiana (FORM), a cui seguì un intenso periodo musicale sotto la direzione artistica di Gustav Kuhn e il primo violino il grande Raimondo Matacena, tra concerti, tourneé, stagioni liriche. Ricordo le stagioni estive allo Sferisterio di Macerata, e poi a Jesi, i concerti in giro per l'Italia al seguito di grandi musicisti come Gidon Kremer, Sergio Fiorentino, Sergei Krilov, Pavarotti e tanti altri. Ricordo le trasferte all'estero, in Germania, Svizzera, Francia, Spagna, Israele. In parte avevo realizzato il mio sogno di adolescente, quando speravo di far parte di qualche organico orchestrale e poter viaggiare con la musica e ritengo anche di essere stato fortunato, realizzando il sogno di ogni giovane che è quello di viaggiare facendo ciò che più gli piace.

E ho avuto la fortuna di poter eseguire i grandi capolavori: tutte le sinfonie di Beethoven, Brahms, Chaikovkij, e molte di Haydn e Mozart oltre le opere principali degli autori italiani, Rossini, Donizetti, Verdi, Puccini.

Ma con il passare degli anni cresceva la necessità di un lavoro stabile dal punto di vista economico. Ancora oggi i miei colleghi che sono rimasti in Filarmonica Marchigiana hanno un contratto che copre solo otto mesi l'anno ed è una vita molto dura e piena di rinunce...

Pensai di inserirmi nella scuola. Ottenuta l'abilitazione per l'insegnamento di Educazione musicale nelle scuole medie e nelle superiori, feci domanda di qualche supplenza negli istituti scolastici di tutta la provincia di Pesaro, ma pur essendo inserito nelle graduatorie non ottenni nessun giorno di lavoro. Dopo molti tentativi falliti e concorsi finiti male, finalmente entrai in servizio come bibliotecario presso l'Area Umanistica dell'Ateneo urbinate.

Per me fu dura quando iniziai a lavorare nella biblioteca universitaria, dovendo per forza rinunciare al contratto annuale con la Filarmonica: significava cambiare completamente vita, anche se con molta forza d'animo non mi scoraggiai. Pensai che in fondo da sempre mi ero occupato contemporaneamente di due attività e avrei continuato così, almeno fin quando dall'esterno non fosse capitato qualcosa o qualcuno a impedirmelo.

Grazie all'esperienza acquisita negli anni passati in FORM, riuscii facilmente a inserirmi nell'Orchestra Sinfonica di Pesaro, di cui già facevo parte da ragazzo, poi diventata Orchestra Sinfonica "Rossini" in cui dal 2004 venni incluso in organico nelle edizioni del Rossini Opera Festival.

Certo, ora posso solo aspirare a contratti intermittenti e saltuari, ma le soddisfazioni non mancano: con la Sinfonica ho fatto tournée in Francia, Corea del Sud, Turchia e ovviamente le stagioni all'interno del Teatro Rossini.

Ancora oggi continuo in questa direzione portando la mio contributo alle nuove realtà musicali che si evolvono.

Con la Filarmonica Rossini, nata per volere del M° Zedda, due anni prima della sua scomparsa e dell'attuale direttore artistico, il grande direttore d'orchestra Donato Renzetti, continuo con le stagioni del Rof e di tanto in tanto avviene qualche incursione all'estero al Mozarteum di Salisburgo, al Musikverhein a Vienna, alla Royal Albert Hall di Londra, alla Royal Opera House di Muscat in Oman.

Contemporaneamente mi rendo disponibile per suonare in gruppi "minori" ma non meno "agguerriti", dove spesso ricopro il ruolo di primo violino, come i Cameristi del Montefeltro e l'Orchestra Raffaello, realtà che vivacizzano l'ambiente musicale locale, senza le quali ci sarebbe il deserto totale di iniziative.

Silvia Zambrini

(Sociologo – Università di Urbino)

I mutamenti della didattica a seguito delle recenti riforme dei Conservatorî italiani, con riferimento alle trasformazioni socio/culturali degli ultimi decenni, sono il tema di alcune domande poste a sei docenti di strumenti musicali diversi (Flauto, Clarinetto, Chitarra, Violino) e di materie inserite recentemente quali Pianoforte e Canto Jazz.

Questi docenti hanno frequentato come allievi il Conservatorio negli anni '60 - '70. Parallelamente all'insegnamento hanno svolto, e tuttora svolgono, attività concertistica e di didattica extra scolastica: stage, seminari, corsi di perfezionamento.

Sono emersi dati interessanti soprattutto per quanto riguarda i nuovi indirizzi del percorso di studio: gli intervistati concordano che una preparazione più ampia e diversificata sta offrendo delle alternative importanti, anche a fronte delle sempre meno orchestre stabili e gruppi da camera esistenti. Se nonostante queste carenze istituzionali continuano ad esserci neo diplomati che si affermano in orchestre importanti[3], se gli studenti sono diventati più colti e più intraprendenti, significa che queste accademie nel complesso funzionano.

La Riforma del '99 ha forse tolto tempo alle ore di studio coi tanti corsi da frequentare[4] ma anche dato la possibilità ad ognuno di scegliere ciò per cui più si sente motivato. Per un musicista attualmente non è più sufficiente saper suonare o cantare: bisogna conoscere altri musicisti, contattare gli agenti di cultura, esprimersi bene, tutte cose che adesso gli allievi possono acquisire attraverso l'approfondimento culturale e le occasioni di interazione durante il percorso di studio.

Il Web, da una parte rischia di confondere gli allievi attraverso le infinite informazioni[5], dall'altra fornisce la possibilità di

---

3 "Alcuni miei allievi sono ora operanti in Germania e in Austria in ambiti musicali di ottimo livello. Senza falsa modestia posso dire di avere ex allievi tuttora primi clarinetti in orchestre italiane importanti" - Luigi Magistrelli, da intervista riportata in seguito.

4 " Mi trovo a dover essere molto più "comprensivo" rispetto alle difficoltà di studio dei ragazzi, che passano intere giornate in Conservatorio (dove non ci sono spazi istituzionalizzati per lo studio) per seguire corsi, corsini e corsetti dei loro complessi piani di studio (!)"-Francesco Biraghi, da intervista riportata in seguito.

5 "Gli allievi [...] sono più pratici e sbrigativi, dunque è necessario sempre ricordargli come l'apprendimento e lo studio di un musicista (o di un cantante) sia pressoché eterno, trattandosi di un'arte vivente basata sulla performance e laddove si affrontano in continuazione partiture (nella musica scritta) o incontri estemporanei (nella musica improvvisata) sempre nuovi. Questo implica un'attitudine allo studio e alla conoscenza approfondita della propria arte che mal si concilia con la tendenza contemporanea all'assimilazione superficiale di una grande quantità di informazioni deterritorializzate, in particolare quelle che provengono dal Web". -

aprirsi a nuovi contatti se non a vere e proprie professioni sempre in ambito musicale[6].

Anche il ruolo del Maestro, un tempo modello da assumere in ogni suo aspetto, ora spesso, più genericamente divenuto Professore[7] (a volte non troppo rispettato dagli allievi e dalle loro famiglie), rappresenta un mutamento i cui effetti collaterali, quelli che hanno visto sminuirsi ovunque il ruolo di chi insegna, risalirebbero in parte a un'errata applicazione delle riforme di fine anni '70.

Il docente continua a essere un riferimento (anche perché non si può insegnare la musica come una qualsiasi materia scolastica) ma ora con quel giusto disincanto che rende l'allievo più autonomo, in vista anche di una vita professionale che dovrà organizzarsi in seguito[8]. Nei Conservatorî di pro-

---

Francesco Forges Davanzati, da intervista riportata in seguito.

6 "...diversi ottimi musicisti hanno fatto della loro competenza con Internet, creazione di Apps e gestione di siti Web, la loro fonte primaria di reddito". - Antonio Zambrini, da intervista riportata in seguito.

7 "...nei nuovi Corsi Accademici l'insegnante è molto spesso definito Professore e solo in talune situazioni sopravvive l'antica definizione di Maestro con la M maiuscola. Dunque la tendenza è quella di abbandonare la figura dell'insegnante-guru per approdare ad uno specialista incaricato di guidare lo studente nell'apprendimento di ciò che gli è necessario all'interno del singolo corso di studi". - Francesco Forges, da intervista riportata in seguito.

8 "A causa di una non brillante gestione della Riforma, o anche dei decreti delegati degli anni '80, per un insegnante sta diventando sempre più complicato mantenere e difendere il necessario ruolo didattico educativo. Credo che noi docenti di Conservatorio possiamo ritenerci fortunati: una didattica prettamente individuale e "artigianale" con i nostri studenti è davvero una dimensione privilegiata anche perché non è possibile insegnare la musica come una qualsiasi altra materia collettiva scolastica e

vincia i docenti godono di un clima più rilassato grazie anche a un ambiente più raccolto che, peraltro, non offre le opportunità di scambio ed esperienze come invece Milano e altre grandi città[9]. In entrambi i casi lo studio individuale costituisce un grande metodo per la pratica strumentale e serve anche per le materie teoriche. Gli allievi che vanno avanti, nonostante le tante materie da frequentare e il tempo perso in viaggi e spostamenti, si esercitano da soli appena riescono[10].

Accade però che un paese che vede aumentare strumentisti preparati, oltre che acculturati, non dimostri altrettanto interesse nei loro confronti[11]. Ben lungi da quella retorica per cui

---

spesso sono riuscita ad avere un rapporto di positiva comunicazione con gli allievi pur mantenendo le giuste distanze dalla loro sfera privata e famigliare".- Giovanna Polacco, da intervista riportata in seguito.

9 "...dopo 35 anni di insegnamento nelle città di provincia, il rapporto con i ragazzi a Milano era più problematico [...] A livello di esperienza musicale Milano da però molte più possibilità, facendo partecipare gli allievi a varie manifestazioni culturali, civiche e benefiche durante tutto l'anno accademico, a volte con allievi e maestri che suonano assieme [...] Lo studio per imparare a suonare uno strumento costituisce in ogni caso un grande metodo, un'impostazione mentale che rimane anche per l'apprendimento di altre discipline" - Marcella Ferraresi, da intervista riportata in seguito.

10 "Per arrivare a certi livelli professionali occorrono da sempre bravi maestri, bravi studenti e molte ore di studio. Penso che un modello di scuola in cui non solo si studia ma si vive insieme (come in un college) permetterebbe molte più occasioni di collaborazione e confronto per gli studenti e un minor dispendio di energie in spostamenti per esercitarsi individualmente...". - Giovanna Polacco, da intervista riportata in seguito.

11 "...il ruolo di puro esecutore concertista è oggi un po' un miraggio per quasi chiunque, con l'offerta che supera infinitamente la domanda e il pubblico sempre meno numeroso nelle sale da concerto." - Antonio Zambrini, da intervista riportata in seguito.

l'amore per la musica renderebbe tutti più onesti e gentili, rimane il fatto che chi la musica la studia seriamente si riappropria di una libertà che nell'ambiente circostante gli è sempre più negata: quella di poter distinguere, selezionare, scegliere se e cosa ascoltare.

L'apprendimento stesso della musica (più che un'educazione al suo ascolto) potrebbe essere la via per ridurre questo gap tra un esercito di musicisti che, pur non raggiungendo livelli invincibili si è elevato di grado[12] e quello assai più numeroso di chi ne è indifferente. Più il primo cresce, più l'altro per forza si restringe.

Attraverso una cultura che si diffonde, inevitabilmente ne aumentano i fruitori e quindi la domanda, con tutto ciò che ne consegue in termini di opportunità e maggiore dignità retributiva per i professionisti. E il lavoro di questi giovani che, più o meno consapevolmente si impegnano anche per le generazioni a venire, è da definirsi eroico! Non meno quello di chi li guida trasmettendo loro coraggio e senso di determinazione a fronte di un futuro che non garantisce certezze[13].

---

12 "Attualmente trovo comunque che il livello degli strumentisti italiani, pur non raggiungendo non solo numericamente quel grado di perfezione di molti strumentisti provenienti dai paesi asiatici, sia notevole. Di questo ci possiamo ovviamente compiacere e al tempo dispiacere perché questi giovani brillanti strumentisti non di rado devono accettare incarichi occasionali, spesso non ben retribuiti" - Giovanna Polacco, da intervista riportata in seguito.

13 "Purtroppo oggi le possibilità di impiego nell'ambito della musica sono diminuite di parecchio, gli sbocchi professionali sono quasi un'utopia. Provo comunque a consigliare loro di non scoraggiarsi, di darsi da fare in ogni ambito musicale possibile, di fare esperienze all'estero, di considera-

I Conservatorî devono continuare a produrre cultura indipendentemente da quelli che possono essere gli sbocchi professionali, in una sorta di grande funzione socio/pedagogica che dilaga e si autorigenera.

Alle istituzioni il compito di sostenere questo grande contributo al paese attraverso incentivi, borse di studio, aiuti agli allievi più meritevoli... e magari, un domani, riaprire le orchestre e stanziare fondi per la musica stessa.

---

re la musica un grande arricchimento spirituale e aprirsi varchi anche in altri settori." - Luigi Magistrelli, da intervista riportata in seguito.

Francesco Biraghi

(Docente di Chitarra, Conservatorio G.Verdi, Milano)

1) Come riassumi brevemente il tuo percorso di didattica musicale?

Negli anni '70 c'era una tale richiesta di insegnanti di chitarra che non ho fatto nessuna fatica ad iniziare la mia carriera di docente quasi per caso... Insegnare peraltro mi è piaciuto fin da subito: essendo un tipo piuttosto comunicativo mi affascinava condividere il mio sapere (pur scarso) con altri che mostravano di avere la mia stessa passione per la chitarra e per la musica.

2) Come pensi sia cambiata la didattica musicale rispetto a quando studiavi?

Alcuni aspetti sono rimasti invariati (per esempio certi criteri di "impostazione" tecnica sullo strumento) ma è cambiata molto l'attenzione al dettaglio e c'è una sterminata quantità di testi pubblicati rispetto al passato che a volte confondono docente e allievo. Con l'avvento e la faticosa realizzazione della Legge 508 l'accento nei Conservatorî si è spostato (e di parecchio) sulle materie "culturali" a discapito della applicazione severa alla pratica strumentale, ma devo dire che la consapevolezza del fatto musicale è assai migliorata negli allievi che abbiamo oggigiorno nei nostri Conservatorî, e trovo questo una grande conquista. Chi ha talento poi emerge lo stesso, mentre chi non ha chances di farsi largo nel quasi inesistente mercato concertistico almeno ha una preparazione ben più ampia e completa rispetto al passato...

3) Come pensi sia cambiato il rapporto didattico stesso tra allievo e Maestro?

Mi trovo a dover essere molto più "comprensivo" rispetto alle difficoltà di studio dei ragazzi, che passano intere giornate in Conservatorio (dove non ci sono spazi istituzionalizzati per lo studio) per seguire corsi, corsini e corsetti dei loro complessi piani di studio (!) Senza contare che molti iscritti in Conservatorio abitano lontano e passano un terzo della loro vita sui mezzi di trasporto... Le presenze dei ragazzi però sono assidue e c'è anche un discreto interesse a partecipare ad eventi extrascolastici (specie quelli a costo zero!): la parte del leone la fa però Internet con le sue milionate di ore di video chitarristici, per non parlare di Spotify et similia. Lì però occorre anche mettere in guardia gli allievi, perché non è certo tutto oro quello che si trova in Rete!

4) Come pensi sia cambiato il rapporto personale tra allievo e Maestro rispetto a prima?

Temo di non essere mai stato "una guida per la carriera" dell'allievo... Una certa percentuale di miei diplomati, una volta usciti dall'ala protettrice del Conservatorio, hanno imparato a volare da soli e alcuni si stanno togliendo belle soddisfazioni. Men che meno mi sono permesso di entrare nella sfera privata dell'allievo a meno di non essere stato sollecitato dallo stesso su tematiche personali ed extramusicali... Insomma non mi sono mai considerato un "guru" dei miei studenti e ho da sempre con loro un rapporto molto franco e cordiale, direi quasi amicale...

5) Come pensi siano cambiate le aspettative di chi oggi studia per diventare un musicista rispetto a quando eri allievo?

Spero che tutti capiscano al più presto che questo mestiere non apre porte con facilità: se le aspettative sono troppo alte la delusione può essere devastante. Una buona dose di realismo invece aiuta e francamente sono convinto che i percorsi che abbiamo delineato per gli studenti in questi ultimi vent'anni siano decisamente più interessanti e utili a formare dei professionisti di valore non legati esclusivamente al concetto del musicista come concertista. Aggiungerei che se un tempo era importante il tuo Maestro e basta (o quasi) oggi è importante l'istituzione dove trovi stimoli e risposte alle tue legittime aspirazioni e l'organizzazione degli studi.

6) Quali sono oggi gli sbocchi professionali e le aspettative di lavoro una volta terminati gli studi?

Le aspettative sono davvero risicate, specie con strumenti come la chitarra. Il 98% dei nostri diplomati diventerà a sua volta un esercito di docenti. C'è da dire che la chitarra è uno strumento altamente didattico-pedagogico, e quindi, nell'auspicata prospettiva che la cultura musicale nella scuola italiana possa svilupparsi sempre più e meglio, non è poi così terribile immaginare un futuro in cui ai chitarristi tocchi l'onore e l'onere di essere degli autentici educatori musicali di questo Paese del Belcanto e del Teatro lirico dove il 99% della popolazione pensa che la Forma-Sonata sia un modello ibrido della Toyota...

Marcella Ferraresi

(Già docente di Flauto, Conservatorio G. Verdi, Milano)

1) Come riassumi brevemente il tuo percorso di didattica musicale?

Mentre studiavo flauto frequentavo l'università e avevo già un diploma di maestra. Parallelamente svolgevo attività concertistica con "I Virtuosi di Roma": un'esperienza meravigliosa che mi ha anche dato modo di girare il mondo e accumulare punteggio artistico.

Eravamo negli anni '70, un anno di insegnamento nella scuola elementare mi aveva fatto capire che quella non era la mia strada e così, subito dopo il diploma, ho spedito le 20 domande che allora si potevano presentare. Ho avuto subito un incarico a Perugia dove il Conservatorio funzionava molto bene, con un Direttore molto valido ed eccellenti colleghi quali Mario Ancillotti noto flautista.

Dopo 5 anni ho avuto il ruolo e ho potuto riavvicinarmi a casa: inizialmente a Parma e poi 35 anni a Novara dove sarei rimasta volentieri ma intanto si era liberato un posto a Milano dove ho insegnato durante gli ultimi anni.

2) Come pensi sia cambiata la didattica musicale rispetto a quando studiavi?

Sulla riforma ho dei dubbi perché tutte queste materie tolgono tempo allo studio individuale. Bisogna comunque dire che la preparazione culturale quando studiavo io era basica, mentre ora è decisamente più stimolante.

Inoltre è positivo che siano state inserite materie nuove come Jazz nelle cui classi ho ascoltato cose straordinarie, e anche il Pop visto che già in passato ci sono stati casi di cantanti famosi provenienti dal Conservatorio come Patti Pravo, Elio e Le Storie Tese, lo stesso Gianni Morandi che si è diplomato in contrabbasso, per non parlare di Pino Donaggio (della generazione precedente alla mia) che è diventato un divo di Hollywood come autore di musiche da film.

Anche tra i miei compagni di Conservatorio c'era chi andava a suonare al festival di San Remo e altre manifestazioni dove bisogna comunque essere capaci. L'importante per quanto riguarda queste aperture a nuovi generi è che non ci siano troppe illusioni per il dopo.

3) Come pensi sia cambiato il rapporto didattico stesso tra allievo e maestro?

Il talento aiuta moltissimo ma non supplisce all'applicazione individuale: per arrivare a certi livelli le ore di studio ogni giorno sono necessarie. L'orchestra e la musica da camera permettono di imparare assieme agli altri uscendo dall'isolamento almeno un po'. Milano da questo punto di vista è veramente un ottimo Conservatorio, che partecipa a varie manifestazioni culturali, civiche e benefiche durante tutto l'anno accademico, a volte con allievi e maestri che suonano assieme. Ricordo di un allievo che era stato selezionato per fare l'Erasmo a Vienna proprio grazie a questo tipo di curriculum. Novara non dava queste opportunità perché il bacino d'utenza era più ristretto, spesso mancavano gli elementi per fare quartetto e l'orchestra non esisteva proprio. Lo studio per imparare a suonare uno strumento costituisce in ogni caso un grande metodo, un'impostazione mentale che rimane anche per l'apprendimento di altre discipline.

4) Come pensi sia cambiato il rapporto personale tra allievo e maestro rispetto a prima?

È molto diverso insegnare in una città di provincia: a Novara il rapporto con gli allievi era sereno e di disponibilità anche da parte delle famiglie. A Milano tutto era più problematico. Ho avuto problemi soprattutto con i ragazzi che frequentavano la scuola media annessa perché, in alcuni casi, rifiutavano di non essere ritenuti idonei per continuare lo studio del flauto dopo il primo anno.

5) Come pensi siano cambiate le aspettative di chi oggi studia per diventare un musicista rispetto a quando eri allievo?

La media dei miei allievi che in 40 anni di insegnamento hanno trovato lavoro è abbastanza bassa: c'è molta selezione, bisogna essere davvero bravi per entrare in un'orchestra stabile anche perché nel frattempo molte di queste hanno chiuso. La maggior parte di loro dopo il diploma insegnava educazione musicale alle medie o altre scuole potendo così avere un mestiere. Alcuni, nelle città piccole, riuscivano a collaborare con le bande musicali contribuendo ad innalzarne il livello che era per lo più dilettantistico. Oggi però è difficile lavorare anche per gli strumentisti ad arco di cui c'è sempre stato bisogno. Di fatto ci sono concerti ovunque di gruppi e di solisti, ma il lavoro per questi ragazzi, disposti a recarsi ovunque, è mal retribuito.

6) Quali sono oggi gli sbocchi professionali e le aspettative di lavoro una volta terminati gli studi?

Ricordo che a Perugia una volta era entrato nella mia aula un inviato del Ministero (a mia insaputa) per assistere a una mia lezione e verificare se ero idonea ad entrare in ruolo (cosa che avvenne subito dopo). Ora i precariati sono lunghissimi anche per chi ha passato il concorso. I Conservatorî sono saturi e l'insegnamento richiede un percorso sempre più complicato. Ciò riduce ulteriormente le prospettive di lavoro per chi ha concluso gli studi.

Il futuro delle professioni musicali dipenderà da molte cose, prima di tutto lo stanziamento di fondi per la cultura che in Italia, fino ad ora, è sempre stata sacrificata.

Francesco Forges Davanzati

(Docente di Canto Jazz, diversi Conservatorî italiani)

1) come riassumi brevemente il tuo percorso di didattica musicale?

Ho cominciato a insegnare subito dopo il diploma, prima nella Scuola Media, poi in un strutture educative per disabili e, dal 1989, in scuole di musica (private o civiche). Più di recente, a partire dal 2011, sono diventato docente (ancora precario) in vari Conservatorî. Dunque per me l'insegnamento è sempre stata una possibilità di impiego concreta, derivante dai miei studi e da altre esperienze, non proprio una scelta.

Negli ultimi anni, dopo aver abbandonato la didattica per qualche tempo, ho ricominciato con uno spirito diverso e posso dire di insegnare più volentieri e a un livello più alto di consapevolezza ed esperienza che non avrei raggiunto senza aver esercitato per alcuni anni esclusivamente la professione artistica e musicale.

2) Come pensi sia cambiata la didattica musicale rispetto a quando studiavi?

La mia esperienza è troppo singolare per poter rispondere correttamente a questa domanda.

In primo luogo io non insegno ciò che ho studiato da giovane (flauto) ma qualcosa che ho appreso dapprima fuori dal Conservatorio e che solo in età matura mi ha permesso di ottenere un Diploma Accademico di 2° Livello non ancora specialistico in senso strumentale (ora lo è diventato), ovvero il Canto Jazz.

Da quello che ho visto nei 4 Conservatorî in cui ho insegnato la situazione è molto variegata e piuttosto caotica, anche a causa del turn-over degli insegnanti e della riforma che è andata attuandosi nel corso del tempo, in annualità e modalità diverse da sede a sede.

Io in generale apprezzo l'impianto della riforma del 1999 e dunque ritengo importante che gli allievi studino varie materie oltre alla principale cioè la prassi esecutiva del proprio strumento.

Il problema risiede a monte, vale a dire nella scarsa preparazione tecnica che gli studenti odierni ricevono nel percorso precedente all'entrata nei corsi accademici, che sia svolto in scuole di musica o Scuole Medie a indirizzo musicale, in Licei Musicali o negli stessi corsi pre-accademici (ora propedeutici), creati all'interno dei Conservatorî per supplire alla scarsità di occasioni di formazione tecnico-musicale in età adolescenziale.

Questa è la grande differenza che vedo rispetto all'epoca del cosiddetto Vecchio Ordinamento, dove senz'altro da questo punto di vista c'era un'enfasi maggiore sulla pratica strumentale durante l'infanzia e l'adolescenza, rispetto alle materie teoriche o musicologiche che venivano affrontate in modo solo superficiale nei corsi superiori.

3) come pensi sia cambiato il rapporto didattico stesso tra allievo e Maestro?

L'insegnante con il quale mi sono diplomato in Flauto nell'85, Glauco Cambursano, era un musicista straordinario, Primo Flauto dell'Orchestra della Scala e uno degli strumentisti più conosciuti in quell'epoca.

Se non ricordo male quando lui era studente (nel dopoguerra, presso il Conservatorio di Torino) nella classe di Flauto c'erano solo due allievi: lui che entrò alla Scala a 17 anni, non ancora diplomato, e Bruno Martinotti che divenne Primo Flauto alla Rai di Milano e successivamente direttore d'orchestra.

Quando invece io arrivai nella sua classe eravamo una ventina di allievi solo con lui, ai quali se ne aggiungevano altrettanti in altre 4 o 5 cattedre di Flauto, solo al Conservatorio di Milano.

È evidente dunque che le modalità di apprendimento dello strumento sono molto cambiate nel corso dei decenni anche solo in virtù del numero di allievi presenti in ogni classe, passando da un approccio artigianale in cui l'insegnante fungeva da "maestro di bottega" ad uno più dispersivo in cui non tutti riuscivano ad essere seguiti nel modo giusto.

La riforma in questo senso ha forse migliorato le cose ma va detto che le ore individuali di strumento sono mediamente 30 in un anno accademico, dunque circa 1 ora alla settimana in 8 mesi dell'anno, un po' poco in effetti.

Le lezioni collettive e non regolamentate che ho frequentato con Cambursano erano forse dispersive ma certamente permettevano di imparare anche ascoltando gli altri oltre che nel momento dedicato a ciascun allievo.

Anche il fatto che l'insegnante fosse costantemente impegnato in un'orchestra di alto livello (cosa successivamente impedita da una legge che non permetteva il "doppio impiego"), permetteva un apprendimento "sul campo" che, anche se indirettamente, contribuiva a formare il futuro professionista stando a stretto contatto con la realtà musicale a lui contemporanea, oltre che favorendo il suo inserimento nell'attività artistica, tramite sostituzioni in orchestra o contratti da "aggiunto", sempre nella logica della bottega che ormai non pare più esistere.

Negli anni '90 però, studiando per un certo periodo Canto Lirico, ho avuto ancora modo, tramite l'insegnante con cui allora studiavo, di partecipare alla mia prima produzione operistica come Artista del Coro, professione che poi ho svolto in maniera discontinua per una quindicina d'anni.

4) Come pensi sia cambiato il rapporto personale tra allievo e Maestro rispetto a prima?

Nei nuovi Corsi Accademici l'insegnante è molto spesso definito Professore e solo in talune situazioni sopravvive l'antica definizione di Maestro con la M maiuscola.

Dunque la tendenza è quella di abbandonare la figura dell'insegnante-guru per approdare ad uno specialista incaricato di guidare lo studente nell'apprendimento di ciò che gli è necessario all'interno del singolo corso di studi. Tuttavia mi è capitato molto spesso di interloquire con gli allievi e le allieve, sia durante la lezione che in altre situazioni, in merito a loro problematiche personali o ai loro dubbi riguardo le scelte da intraprendere all'interno del percorso accademico.

La questione della carriera invece è spinosa, in taluni casi gli insegnanti vivono gli allievi, specialmente quelli più grandi, come dei potenziali concorrenti, specialmente in settori dove c'è scarsità di occasioni professionali, dunque secondo me è un argomento di cui si evita di parlare se non proprio necessario.

Anche da questo punto di vista la legge dei numeri è spietata, infatti aumenta il numero degli iscritti ai Conservatorî ma diminuisce di conseguenza il numero di occasioni di lavoro, almeno in Italia.

5) Come pensi siano cambiate le aspettative di chi oggi studia per diventare un musicista rispetto a quando eri allievo?

Gli allievi sono senz'altro meno ingenui o idealisti di quanto eravamo noi; tendono a vivere il percorso di studi non dal punto di vista dell'esperienza artistica, culturale ed esistenziale ma come il modo per ottenere in breve tempo le competenze necessarie ad entrare nel mondo del lavoro.

Sono più pratici e sbrigativi, dunque è necessario sempre ricordargli come l'apprendimento e lo studio di un musicista (o di un cantante) sia pressoché eterno, trattandosi di un'arte vivente basata sulla performance e laddove si affrontano in continuazione partiture (nella musica scritta) o incontri estemporanei (nella musica improvvisata) sempre nuovi.

Questo implica un'attitudine allo studio e alla conoscenza approfondita della propria arte che mal si concilia con la tendenza contemporanea all'assimilazione superficiale di una grande quantità di informazioni deterritorializzate, in particolare quelle che provengono dal Web.

6) Quali gli sbocchi professionali per chi studia al Conservatorio attualmente?

Come ho già rimarcato nelle risposte precedenti la questione è scottante. Molti allievi sono destinati a diventare solo degli "ascoltatori eruditi" e a svolgere poi un altro lavoro per mantenersi.

Un'altra parte di loro, più determinata, finirà ad insegnare, spesso in condizioni molto precarie e con scarsi guadagni, sperando di arrivare essi stessi dopo tanti anni a svolgere la Docenza in Conservatorio.

I più talentuosi e molto motivati possono, non senza fatica, svolgere l'attività musicale a tempo pieno ma per fare questo devono anche, almeno nell'ambito della materia che insegno io, avere capacità non comuni di relazioni sociali e, se possibile, trasferirsi in metropoli importanti dove l'attività jazzistica è fiorente più che nei piccoli centri o, in generale, in Italia.

Una restante parte di loro può approdare a mansioni lavorative tangenziali a quelle per le quali hanno studiato (cori, studi di registrazione, organizzazione di concerti, etc.), favoriti in questo dal grande numero di corsi presenti che permettono di sperimentare tante cose diverse per poi magari scegliere dove orientarsi senza averlo previsto prima.

Questo è qualcosa che nel vecchio ordinamento era molto più difficile fare, rimanendo gli allievi confinati nell'ambito dello strumento scelto inizialmente. Ora invece è possibile studiare un secondo strumento o canto, passare a un percorso di Didattica dopo il Triennio, partecipare a Masterclass per pura curiosità e anche a quelle non inerenti il corso di studi principale.

Ho notato che gli studenti tendono ad approfittare di queste occasioni e spesso cambiano strada durante gli anni di studio giungendo ad appassionarsi e studiare qualcosa che prima nemmeno conoscevano.

Ritengo che questo sia uno dei frutti migliori della Riforma e rimpiango di non aver avuto io stesso, ai tempi in cui ero studente, opportunità del genere.

Luigi Magistrelli

(Docente di Clarinetto, Conservatorio G. Verdi, Milano)

1) Come riassumi brevemente il tuo percorso di didattica musicale?

Devo dire di essere stato piuttosto fortunato per quanto concerne il mio percorso lavorativo nell'ambito della musica in quanto ebbi un posto in orchestra solamente dopo 3 giorni dal diploma, a 21 anni. Un anno dopo mi arrivò già una nomina dal Conservatorio di Adria e da lì cominciò il mio percorso didattico come docente di Conservatorio che preferii a quello orchestrale (pur lavorando da freelance in diverse orchestre e svolgendo molta attività di musica da camera) poi in seguito presso i Conservatorî di Piacenza, Darfo Boario Terme (sezione staccata di Brescia), Como e Milano dove insegno da 21 anni. Le nomine arrivarono attraverso le graduatorie annuali o biennali in cui risultavo primo. La nomina in ruolo avvenne nel 1989.

2) Come pensi sia cambiata la didattica musicale rispetto a quando studiavi tu?

Rispetto ai miei tempi ora ci siamo adeguati al sistema europeo con molte altre materie da svolgere oltre alla pratica dello strumento. Questo è stato un elemento positivo in quanto ha senz'altro arricchito il bagaglio culturale generale dell'allievo. Certo ha anche tolto in parte un po' di tempo allo studio specifico dello strumento. Ma penso sia sempre questione di buona organizzazione nello studio teorico e pratico. Si richiede ora anche un livello di preparazione e di talento naturale più elevati.

3) Come pensi sia cambiato il rapporto didattico stesso tra allievo e maestro?

Ora gli allievi hanno mille attività da svolgere e mille distrazioni di ogni tipo. Questo è sia un bene che una cosa negativa allo stesso tempo, dipende sempre come l'allievo riesce a gestirsi per ottenere i risultati migliori. Il Conservatorio di Milano offre da sempre (e ora sempre di più) tante opportunità nell'ambito dell'offerta formativa: concorsi interni, borse di studio, concerti interni ed esterni, corsi speciali, attività orchestrali di alto livello, Masterclass e seminari di docenti di fama, corsi Erasmus all'estero e altro. La lezione è frontale e quasi sempre limitata a se stessa, mentre ai miei tempi si assisteva anche alle lezioni dei compagni di classe con più possibilità di confronto.

4) Come pensi sia cambiato il rapporto personale tra allievo e Maestro rispetto a prima?

Chi studia adesso ha un legame meno profondo con l'insegnante essendo cambiati i tempi, i valori etici e direi anche il numero di docenti verso i quali ci si deve confrontare. A ciò ha contribuito il fatto di non essere più seguiti dall'inizio fino alla laurea da uno stesso decente. Io, infatti, al momento ho solamente corsi di triennio e biennio. Seppure non ai livelli di altre scuole gli allievi a volte assumono toni un poco irrispettosi nei confronti dei docenti. Personalmente voglio instaurare un rapporto umano con gli allievi per infondergli più sicurezza nei miei confronti.

Ho avuto un grande esempio positivo dal mio Maestro Primo Borali, con il quale ancora adesso sono in rapporti stretti.

5) Come pensi siano cambiate le aspettative di chi oggi studia al Conservatorio rispetto a quando eri allievo?

Purtroppo oggi le possibilità di impiego nell'ambito della musica sono diminuite di parecchio, gli sbocchi professionali sono quasi un'utopia. Provo comunque a consigliare loro di non scoraggiarsi, di darsi da fare in ogni ambito musicale possibile, di fare esperienze all'estero, di considerare la musica un grande arricchimento spirituale e aprirsi dei varchi anche in altri settori. I più talentuosi e intraprendenti trovano comunque buone opportunità e non si scoraggiano di certo di fronte alle aspettative di lavoro così negative. Ho la prova con alcuni miei allievi ora operanti in Germania e in Austria in ambiti musicali di ottimo livello.

Senza falsa modestia posso dire di avere ex allievi tuttora primi clarinetti in orchestre italiane importanti. Il merito va soprattutto a loro, io li ho solo stimolati e indirizzati in modo positivo.

Giovanna Polacco

(Docente di Violino, Conservatorio G. Verdi, Milano)

1) Come sei arrivata all'insegnamento e come pensi sia cambiata la didattica musicale rispetto a quando studiavi?

La mia prima esperienza di insegnamento è avvenuta da giovanissima: verso l' '80 per una breve supplenza al Conservatorio di Riva del Garda quando non ero ancora diplomata. Da allora molte cose sono cambiate, in un certo senso adeguate ai nostri tempi: prima si studiava solo per diventare strumentisti. Oggi la preparazione musicale è più completa, articolata in vari aspetti, aperta a particolari aspetti: non solo musica classica ma musica da film, da teatro, generi diversi… e nuovi modi di porsi al pubblico, dove la musica oltre ad essere eseguita viene spiegata, raccontata, contestualizzata. L'inserimento di nuovi generi come il Jazz, il Pop Rock, la World Music, ecc. permette a più studenti di valorizzare al meglio il proprio talento. L'allievo usufruisce attualmente di una didattica più ampia rispetto a quella puramente strumentale, arricchita nel piano di studi da aspetti storiografici nonché psicopedagogici e fisiologici. Più percorsi di studio significano maggiori possibilità per ognuno di trovare la propria dimensione più adatta in una prospettiva professionale.

2) Come pensi sia cambiato il rapporto didattico stesso tra allievo e Maestro?

Non per essere banali, ma per arrivare a certi livelli professionali occorrono da sempre bravi maestri, bravi studenti e molte ore di studio.

Penso che un modello di scuola in cui non solo si studia ma si vive insieme (come in un college) permetterebbe molte più occasioni di collaborazione e confronto per gli studenti e un minor dispendio di energie in spostamenti per esercitarsi individualmente per raggiungere livelli esecutivi internazionali sempre più alti. Anche l'ascolto dei CD e dell'immensa offerta via Internet contribuisce a pretendere questa sorta di perfezione e controllo in ogni momento di un' esecuzione in pubblico.

Tutto questo richiede un continuo aggiornamento da parte di un docente che comunque si trova a fare i conti con una didattica che deve ottimizzare sia la qualità che i tempi sempre più ristretti di studio individuale: i nuovi piani di studio non sempre garantiscono spazio adeguato per lo studio individuale richiesto ai livelli superiori/accademici.

Attualmente trovo comunque che il livello degli strumentisti italiani, pur non raggiungendo non solo numericamente quel grado di perfezione di molti strumentisti provenienti dai paesi asiatici, sia notevole. Di questo ci possiamo ovviamente compiacere e al tempo dispiacere perché questi giovani brillanti strumentisti non di rado devono accettare incarichi occasionali, spesso non ben retribuiti. Oltre al concertismo classico però ci sono nuove opportunità non più legate al vecchio stereotipo del solismo "a tutti i costi": ad esempio attraverso particolari formazioni musicali che oltre ai professionisti coinvolgano amatori e dilettanti (come già succedeva in passato) o repertori che includano nuovi arrangiamenti di generi diversi e le trascrizioni storiche (come del resto già nel '700 e per mano degli stessi autori) per diverse formazioni. E poi c'è la musica del nostro tempo, che costituisce un repertorio immenso da valorizzare. C'è una gran quantità di musica che oggi si può elaborare ascoltare ed eseguire attraverso le nuove tecnologie.

3) Come pensi sia cambiato il rapporto personale tra allievo e Maestro rispetto a prima?

A causa di una non brillante gestione della Riforma, o anche dei decreti delegati degli anni '80, per un insegnante sta diventando sempre più complicato mantenere e difendere il necessario ruolo didattico educativo.

Credo che noi docenti di Conservatorio possiamo ritenerci fortunati: una didattica prettamente individuale e "artigianale" con i nostri studenti è davvero una dimensione privilegiata anche perché non è possibile insegnare la musica come una qualsiasi altra materia collettiva scolastica e spesso sono riuscita ad avere un rapporto di positiva comunicazione con gli allievi pur mantenendo le giuste distanze dalla loro sfera privata e famigliare. Non dimentichiamo che ogni studente ha caratteristiche diverse da conoscere e valorizzare correggendo i suoi errori ma anche incoraggiando la specifica personalità e la sua crescita musicale.

4) Come pensi siano cambiate le aspettative di chi oggi studia da musicista rispetto a quando eri allieva?

Quando ero ancora allieva potevo addirittura permettermi di rifiutare proposte di lavoro da enti e orchestre importanti in attesa di riflettere meglio sulle mie aspettative. Ora purtroppo le offerte di lavoro sono minori e non c'è molto tempo da perdere.

Ho comunque la soddisfazione di vedere la maggior parte dei miei ex allievi già inseriti stabilmente in contesti professionali importanti sia nel concertismo nazionale ed internazionale che presso orchestre come quelle del teatro alla Scala, il Maggio Musicale Fiorentino, S. Cecilia a Roma, ecc. e molti di quelli più giovani intenzionati a intraprendere seriamente un percorso professionale. Ribadisco che, anche se in numero minore, le opportunità ci sono (anche se richiedono un approccio e capacità diverse rispetto a prima), e ciò, assieme a un'auspicato maggiore incremento delle attività didattiche orchestrali e a maggiori stanziamenti per la cultura, mi permette di essere sufficientemente ottimista nei confronti di questi giovani aspiranti musicisti.

Antonio Zambrini

(Docente di Pianoforte Jazz, Conservatorio G. Verdi, Milano)

1) Come riassumi brevemente il tuo percorso di didattica musicale?

Ho iniziato come molti dalle lezioni private, diversi anni fa. Poi un po' alla volta mi sono inserito in piccole scuole private, poi in scuole civiche nei comuni intorno a Milano. Attraverso l'attività concertistica nel circuito (oggi molto ridotto) dei Jazz clubs milanesi e lombardi si erano create per me le occasioni di questi insegnamenti. Anche nei corsi serali liberi al Conservatorio e in diversi piccoli Workshops estivi ho via via maturato le mie modalità e strategie di insegnamento; è un processo durato una quindicina di anni prima che vincessi il mio primo concorso, per titoli artistici, al Conservatorio di Como nel 2005. Nei 14 anni successivi ho partecipato a numerosi concorsi analoghi, arrivando così a lavorare nei Conservatorî di Parma e Brescia, e a proseguire a Como. Nel 2011 e '12 ho avuto la prima cattedra a Bari, poi sempre in cattedra per concorso a La Spezia, a Verona, e poi ancora entrando in graduatoria nazionale a Milano, a Como e di nuovo Milano da quest'anno.

2) Come pensi sia cambiata la didattica musicale rispetto a quando studiavi tu?

La mia formazione è passata in modo trasversale dal Conservatorio, attraverso discipline che in parte non coincidono con ciò di cui mi occupo oggi. D'altra parte all'epoca dei miei primi studi musicali il Jazz non era presente nei programmi didattici, quindi non è possibile fare un confronto di contenuto tra epoche piuttosto lontane.

In generale mi sembra che la formazione attuale punti a dare una preparazione a spettro più ampio e meno specialistico di un tempo; lo scopo di ciò è dare al futuro diplomato un raggio più ampio di azione rispetto al ruolo di "concertista" come inteso fino agli anni 70-80. L'idea di fondo è rendere il musicista attrezzato per inserirsi in vario modo nel mondo del lavoro odierno, dato che il ruolo di puro esecutore concertista è oggi un po' un miraggio per quasi chiunque, con l'offerta che supera infinitamente la domanda e il pubblico sempre meno numeroso nelle sale da concerto. Probabilmente occorre essere più versatili per potersi inserire nel mondo del lavoro e questo è l'intento perseguito, con tutti i limiti di una transizione lenta e complicata, e con più o meno successo, nei programmi di studio più recenti.

3) come pensi sia cambiato il rapporto tra allievo e Maestro sia a livello didattico che personale?

Il rapporto tra allievo e Maestro attualmente risente delle modalità programmatiche esposte al punto precedente. Se le cose vanno per il verso giusto, anche questo aspetto dovrebbe concorrere al risultato auspicato. Poi come in ogni contesto sta agli attori della vicenda, Istituto, docente e studenti, interpretare il proprio ruolo in modo costruttivo e cogliere le opportunità che si creano nel percorso comune, siano esse legate alla lezione frontale, al laboratorio, allo stage, alla produzione concertistca ecc.

Nei corsi accademici in cui lavoro gli studenti sono maggiorenni, in possesso di Maturità..non è possibile un confronto con il rapporto docente - allievo bambino o adolescente - famiglia, che si aveva nei Conservatorî 30 anni fa. Quel tipo di relazione immagino possa oggi crearsi nei corsi pre accademici o propedeutici, o nella sfera dei licei o medie ad indirizzo musicale.

4) Come pensi siano cambiate le aspettative di chi oggi studia per diventare un musicista rispetto a quando eri allievo e quali gli sbocchi professionali una volta terminati gli studi?

Le aspettative di lavoro di chi studia oggi sono diverse rispetto a 30 anni fa ed è inevitabile perché nella Musica e nel lavoro, fuori dal Conservatorio, nulla è più come era 30 anni fa. Il giovane fenomeno che vivrà di solo concertismo salterà pur sempre fuori, ma più raramente e con difficoltà infinitamente maggiori rispetto a 30 anni fa, perché oggi i giovani musicisti fenomenali sono, letteralmente, migliaia di migliaia ovunque nel mondo. Dovrà quindi esserci una attività che ai concerti affianchi altre voci e applicazioni.

Gli sbocchi professionali possono essere come sempre l'insegnamento a vario livello, e fin qui ci siamo, ma poi lavoro di sostegno nella scuola, gestione di laboratori musicali nella scuola ordinaria, musicoterapia, organizzazione di spettacoli, attività legate alla informatizzazione delle conoscenze, creazione di percorsi artistici e professionali nel Web, attività artistiche e professionali legate alle nuove tecnologie, multimediali musicali e teatrali, video, elettronica, digitale, ritorno all'analogico, nuove forme e linguaggi artistici interdisciplinari... Diversi ottimi musicisti hanno fatto della loro competenza con Internet, creazione di Apps, gestione di siti Web ecc. la loro fonte primaria di reddito. Non sono certo sbocchi professionali garantiti ma rappresentano in parte lo spettro più ampio di cui si parlava a proposito di formazione nei corsi, in un periodo in cui, per altro, lavori sicuri non sono più nemmeno quelli tradizionali, tipo l'impiego in banca o simili...

Molte di queste competenze 30 - 40 anni fa o non c'erano o non entravano o uscivano dal Conservatorio. Ora ci si prova, con il percorso didattico attuale, con tutti i limiti e gli errori che possono esserci in una difficile transizione, con più o meno fortuna e successo, a seconda delle circostanze e delle risorse, umane e economiche, disponibili sul territorio.

Appendice B: Strumento utilizzato per l'indagine empirica

UNIVERSITÀ DEGLI STUDI DI URBINO CARLO BO

DIPARTIMENTO DI SCIENZE DELLA COMUNICAZIONE STUDI UMANISTICI E INTERNAZIONALI

QUESTIONARIO SULLE MOTIVAZIONI DEGLI STUDENTI DEI CONSERVATORI DI MUSICA

Gentilissima, gentilissimo,

Grazie per aver aderito a questa iniziativa di studio.
Precisiamo che si tratta di un'indagine assolutamente anonima che ha lo scopo di valutare quale sia il livello di consapevolezza nell'intraprendere il percorso scelto. Per tale motivo chiediamo di rispondere ai quesiti posti con la massima sincerità, anche quando la questione non è conosciuta o lo è poco, utilizzando le modalità appositamente previste.
La compilazione richiede un po' di pazienza per la quale va a voi il nostro anticipato debito di riconoscenza.

I curatori dell'iniziativa

UNIVERSITÀ DEGLI STUDI DI URBINO CARLO BO
DIPARTIMENTO DI SCIENZE DELLA COMUNICAZIONE STUDI UMANISTICI E INTERNAZIONALI

VALUTAZIONE DEI PERCORSI FORMATIVI DEGLI STUDENTI DEI CONSERVATORI DI MUSICA

Codice identificativo dell'Istituzione (non necessario!) _____

Data della compilazione (non necessaria!) __/__/__

QUADRO A. MOTIVAZIONE ALLA SCELTA DEL PERCORSO FORMATIVO

A1 - **Come ha avuto, inizialmente, i principali contatti con la musica (max 2 risposte)?**
- In casa stimolato dai miei familiari □ 1
- In altri luoghi stimolato da amici e/o conoscenti e/o dalla presenza di strumenti musicali □ 2
- Stimolato da particolari percorsi di studio (scolastici e/o extrascolastici) □ 3
- Autonomamente, stimolato dal contatto con media musicali (televisione, radio, rete, ecc.) □ 4
- Altre forme di contatto (specificare) _____ □ 5

A2 - **Per quale motivo ha scelto di frequentare il conservatorio (max 2 risposte)?**
- Per seguire una mia vocazione/fascinazione □ 1
- Per seguire le indicazioni dei miei genitori/parenti/ecc. □ 2
- Per completare e arricchire la mia formazione culturale □ 3
- Per meglio definire e/o affermare la mia personalità □ 4
- Per le opportunità lavorative fornite da quest'ambito □ 5
- Per la prospettiva di un gratificante guadagno □ 6
- Per il prestigio sociale (fama, ammirazione, ecc.) cha accompagna la professione musicale □ 7
- Per il tipo di vita stimolante che accompagna la professione musicale □ 8
- Per altri motivi (specificare) _____ □ 9

A3 - **Per quale motivo ha scelto questa particolare Istituzione (max 2 risposte)?**
- Per il prestigio dell'istituzione □ 1
- Per il prestigio di un particolare insegnante (corsi strumentali, ecc.) e/o di un gruppo di essi (corsi jazz, ecc.) □ 2
- Per l'opportunità di accesso al lavoro fornite da questa istituzione □ 3
- Per la specificità dei corsi offerti □ 4
- Per tradizione familiare/amicale □ 5
- Per la disponibilità di posti in ingresso □ 6
- Per la vicinanza dell'Istituzione alla mia residenza □ 7
- Per la logistica rappresentata dall'Istituzione (costi, strutture di supporto, ecc.) □ 8
- Per altri motivi (specificare) _____ □ 9

A4 - **Modalità di ammissione nell'istituzione**
- Ammesso direttamente per idoneità conseguita (primo tentativo) e contemporanea disponibilità di posto □ 1
- Ammesso dopo reiterata richiesta di idoneità alla stessa struttura (secondo o successivo tentativo) □ 2
- Ammesso dopo non ottenuta idoneità in altro Conservatorio □ 3

A5 - **Tipologia di ingresso al triennio**
- Come studente del primo anno del corso □ 1
- Come studente ammesso agli anni successivi al primo □ 2
- Come studente "avanzato" già in possesso di titolo di studio precedentemente conseguito in Conservatorio □ 3
- Altra tipologia di percorso formativo (specificare) _____ □ 4

A6 - **Come si è originata la scelta del corso che sta seguendo?**
- Per scelta personale □ 1
- Per tradizione familiare □ 2
- Per relazioni personali (amici, ecc.) □ 3
- Dietro suggerimento di insegnanti □ 4
- Altra motivazione (specificare) _____ □ 5

A7 - **Formazione musicale antecedente all'ingresso in conservatorio**
- Nessuna □ 1
- Da autodidatta □ 2
- Formazione seguita da un professionista (genitore musicista, insegnante privato, ecc.) □ 3
- Altro (specificare) _____ □ 4

QUADRO B. VALUTAZIONE STRUMENTALE DEL PERCORSO DI STUDIO

B1 - Attualmente il conservatorio rappresenta la sua unica attività (escluse attività ludiche)?
- Sì, il conservatorio è la mia unica attività □ 1
- No, frequento contemporaneamente scuola/università □ 2
- No, svolgo contemporaneamente attività lavorativa non in ambito musicale □ 3
- No, svolgo contemporaneamente attività lavorativa in ambito musicale □ 4
- No, svolgo altre attività (specificare) _____ □ 5

B2 - Quale specifico tipo di corso sta attualmente frequentando?
- Canto □ 1
- Strumentale □ 2
- Compositivo (anche strumentazione per orchestra di fiati) □ 3
- Compositivo ad indirizzo musicologico □ 4
- Direzione (orchestrale o corale) □ 5
- Didattica della musica □ 6
- Musica elettronica □ 7

N.B. Se alla domanda precedente ha risposto "Strumentale" prosegua, altrimenti passi alla successiva domanda B6

B3 - Indichi la categoria strumentale e lo strumento specifico
- Archi □ 1
- Fiati □ 2
- Tastiere □ 3
- Percussioni □ 4
- Pizzico □ 5
- Elettronica □ 6

Specificare lo strumento _____

B4 - Ha mai pensato di passare ad un altro strumento?
- No, mai □ 1
- Sì, ma raramente □ 2
- Sì, in più di un'occasione □ 3
- Sono già passato all'attuale dal _____ □ 4

B5 - Per ogni tipo di strumento esistono naturalmente prodotti di diversa qualità e quindi di prezzo. Lei ha in programma, per gli anni futuri, l'acquisto di uno strumento di livello superiore rispetto a quello che possiede oggi?
- Sì, ma per ora non ci penso perché si tratterebbe di una spesa troppo elevata □ 1
- Sì, penso che fra qualche tempo deciderò il nuovo acquisto □ 2
- No, quello che possiedo è già di alta qualità □ 3
- No, perché non sono sicuro di proseguire a frequentare il Conservatorio □ 4

B6 - Quale specifico altro tipo di corso, funzionalmente a quello principale o per libera scelta, sta attualmente frequentando o ha frequentato come scelta secondaria?
- Canto □ 1
- Strumentale □ 2
- Compositivo (anche strumentazione per orchestra di fiati) □ 3
- Compositivo ad indirizzo musicologico □ 4
- Direzione (orchestrale o corale) □ 5
- Didattica della musica □ 6
- Musica elettronica □ 7
- Nessuno □ 8

B7 - Requisiti richiesti per superare la selezione all'ingresso (max 2 risposte)
- Possesso di adeguate competenze musicali □ 1
- Valutazione di un curriculum precedente □ 2
- Superamento di un colloquio motivazionale □ 3

B8 - **Se ha risposto con modalità 1 o 2 alla voce precedente**, come valuta il livello di preparazione richiesto all'esame di ammissione?
- Modesto e adatto anche a chi ha competenze musicali minime □ 1
- Giustamente selettivo per individuare chi possiede talento musicale □ 2
- Rigoroso e adatto solo a chi ha già conseguito competenze musicali di alto livello □ 3

B9 - Ritiene che l'attuale ordinamento degli studi valorizzi adeguatamente il talento musicale?
- Sì, perché l'istituzione fornisce molte opportunità agli studenti talentuosi □ 1
- Sì, perché è possibile graduare le difficoltà dei corsi sulla scorta delle proprie capacità □ 2
- No, perché la rigidità dei corsi può essere di ostacolo alla manifestazione e allo sviluppo del talento musicale □ 3

B10 - Nel suo percorso ha mutato, una o più volte, il tipo di corso?
- No, continuo a seguire il corso inizialmente intrapreso □ 1
- Sì, ho cambiato il corso per mutate aspirazioni □ 2
- Sì, ho mutato corso a favore di uno che ritengo maggiormente professionalizzante □ 3
- Sì, ho mutato corso per altre motivazioni (specificare) _____ □ 4

B11 - Nel suo percorso ha aggiunto ulteriori corsi oltre quelli necessari per il conseguimento del titolo?
- No □ 1
- Sì, per completare la preparazione □ 2
- Sì, per ampliare le opportunità lavorative □ 3
- Sì, per altra motivazione (piacere personale, ecc.) □ 4

B12 - Nel suo percorso di studio ha mai cambiato insegnante?
- No □ 1
- Sì, per cause di forza maggiore (incompatibilità di orari, pensionamento dell'insegnante, ecc.) □ 2
- Sì, per la mia personale incompatibilità con l'insegnante (caratteriale, stilistica, didattica, ecc.) □ 3
- Sì, per altra motivazione (specificare) _____ □ 4

B13 - Parallelamente al suo percorso di studio in Conservatorio, svolge attività musicali (al di fuori del Conservatorio)?
- No, nessuna in particolare, eccezion fatta per le esercitazioni individuali □ 1
- Sì, sono seguito da soggetti esterni per accrescere le mie capacità tecniche □ 2
- Sì, seguo attività extra per accrescere la mia preparazione (escluse quelle di cui al precedente punto) □ 3
- Sì, svolgo attività per diletto personale/azione sociale (eventi per beneficenza, ecc.) □ 4

QUADRO C. VALUTAZIONE ARTISTICA DEL PERCORSO DI STUDIO

C1 - Ritiene che la specificità dei corsi comprometta una completa formazione culturale dello studente?
- No, perché la specificità delle professioni musicali richiede un elevato approfondimento su temi specifici □ 1
- No, anche se sarebbe forse opportuno ampliare lo spettro della formazione generale □ 2
- Sì. Ritengo infatti che attualmente, nell'ambito delle professioni artistico-musicali, sarebbe opportuno conseguire anche una formazione culturale generale di livello superiore all'esistente □ 3

C2 - Ritiene i contenuti generali del corso seguito siano coerenti con le proprie aspettative iniziali (il tipo e livello degli insegnamenti è quello che mi aspettavo)?
- Sì, completamente □ 1
- Sì, ma solo parzialmente □ 2
- No □ 3

C3 - Ritiene che tutte le discipline seguite corrispondano al suo ideale percorso formativo?
- Sì, ritengo che tutte le discipline risultino coerenti con il percorso formativo □ 1
- Sì, ma ritengo che il percorso dovrebbe essere ampliato con altre discipline (specificare) _____ □ 2
- No, ritengo che alcune discipline siano frutto di un'errata programmazione e andrebbero eliminate (specificare) _____ □ 3
- Non ho un'opinione in merito □ 4

C4 - Ritiene che il bilanciamento fra le varie attività curriculari sia coerente con il percorso di studio?
- Sì, ritengo ci sia un adeguato bilanciamento tra le varie attività □ 1
- Sì, perché ripongo fiducia in chi lo ha programmato □ 2
- No, ritengo che il bilanciamento tra le varie attività dovrebbe subire aggiustamenti (specificare quali) _____ □ 3

C5 - Ritiene che le ore di studio individuale richieste dagli insegnanti siano adeguate al percorso di studio?
- Sì, ritengo che le ore di studio individuale richieste siano adeguate □ 1
- No, ma mi affido all'esperienza dei miei insegnanti □ 2
- No, ritengo che le ore di studio richieste siano eccessive □ 3

C6 - Come giudica, in generale, l'approccio dei docenti all'insegnamento?
- Tradizionale e poco incline ad adattarsi ai cambiamenti □ 1
- Tradizionale ma disponibile ai cambiamenti □ 2
- Dinamico ma cauto nei confronti dell'innovazione □ 3
- Dinamico e proiettato alla sperimentazione □ 4
- Altro (specificare) _____ □ 5

C7 -	Come valuta, in generale, il suo rapporto umano con i docenti?	
	Distaccato e sofferto	☐ 1
	Istituzionale e senza trasporto	☐ 2
	Formale ma costruttivo	☐ 3
	Empatico e stimolante	☐ 4
	Altro (specificare) _____	☐ 5
C8 -	Come valuta, in generale, il suo rapporto umano con gli altri studenti?	
	Distaccato e superficiale	☐ 1
	Cordiale ma senza particolare condivisione	☐ 2
	Competitivo ma costruttivo	☐ 3
	Empatico e stimolante	☐ 4
	Altro (specificare) _____	☐ 5
C9 -	Quali caratteristiche privilegia nell'esecuzione strumentale?	
	Tecnica	☐ 1
	Espressività	☐ 2
	Altro (specificare) _____	☐ 3
C10 -	Esistono Paesi, nel mondo, che le sembrano oggi più all'avanguardia rispetto al nostro, nel preparare le nuove generazioni di musicisti?	
	No, ritengo che anche in Italia sia assicurata una preparazione adeguata	☐ 1
	Si, esistono Paesi nei quali, più che in Italia, viene assicurata una preparazione adeguata (specificare)	☐ 2
	(specificare) _____	
	(specificare) _____	
	Non saprei	☐ 3
C11 -	Pensando al suo futuro professionale, in quale categoria ritiene di poter essere inserito?	
	Professionista	☐ 1
	Artigiano	☐ 2
	Insegnante	☐ 3
	Impiegato	☐ 4
	Artista	☐ 5
	Altro (specificare) _____	☐ 6

QUADRO D. VALUTAZIONE DELLA COERENZA TRA PERCORSO E REALIZZAZIONE PROFESSIONALE

D1 -	Svolge o ha già svolto attività lavorativa in campo musicale?	
	Si, adeguatamente retribuita	☐ 1
	Si, anche se affatto o poco retribuita	☐ 2
	No (**passare alle successive voci D2b, D3b e D4b**)	☐ 3
D2a -	Con quale mansione principale sta lavorando o ha già lavorato?	
	Coerente con il percorso frequentato	☐ 1
	Attività musicale o didattica di altro genere	☐ 2
	Altro (specificare) _____	☐ 3
D3a -	Come ha trovato lavoro?	
	Autonomamente o tramite conoscenze personali	☐ 1
	Per mediazione da parte del conservatorio	☐ 2
	Tramite agenzia esterna	☐ 3
	Altro (specificare) _____	☐ 4
D4a -	Come valuta la corrispondenza fra il profilo di competenze fornite dal suo corso e le richieste del mercato del lavoro?	
	Scarsa	☐ 1
	Discreta	☐ 2
	Buona	☐ 3
	Ottima	☐ 4

N.B. PASSARE AL SUCCESSIVO QUADRO E

D2b - Ritiene che il corso frequentato sia preparatorio per una futura attività professionale in campo musicale?

Sì, completamente	☐ 1
Sì, ma solo parzialmente	☐ 2
Sì, ma solo per alcune tipologie di lavoro (specificare) _____	☐ 3
No	☐ 4

D3b - Come valuta la possibilità di professionalizzare compiutamente il suo futuro diploma?

Ritengo che le mie capacità e il titolo conseguito mi permetteranno di trovare l'occupazione auspicata con una ragionevole facilità	☐ 1
Ritengo che le mie capacità e il titolo conseguito mi permetteranno di trovare l'occupazione auspicata solo dopo un lungo e dispendioso percorso di ricerca	☐ 2
Nutro dubbi sul fatto che le mie capacità e il titolo conseguito mi permetteranno di trovare l'occupazione auspicata	☐ 3
Ritengo probabile che nel corso della ricerca di occupazione dovrò mutare le mie aspettative	☐ 4
Non ho intenzione di utilizzare il diploma a fini lavorativi	☐ 5
Altro (specificare) _____	☐ 6

D4b - Ha contatti con diplomati del suo stesso corso che hanno già avuto esperienze lavorative?

Sì	☐ 1
No	☐ 2

QUADRO E. NOTIZIE SOCIOGRAFICHE

E1 - Genere

Femmina	☐ 1
Maschio	☐ 2

E2 - Età

Indicare il valore in anni compiuti _____

E3 - Provenienza (in relazione all'ubicazione del Conservatorio)

Stesso Comune	☐ 1
Stessa Provincia	☐ 2
Provincia confinante (assimilare San Marino a Provincia)	☐ 3
Altra Provincia (assimilare San Marino a provincia)	☐ 4
Stato estero europeo (specificare) _____	☐ 5
Stato estero extraeuropeo (specificare) _____	☐ 6

E4 - Livello d'istruzione già conseguito

Licenza media (titolo di primo livello conseguito all'estero)	☐ 1
Diploma di maturità (titolo di secondo livello conseguito all'estero)	☐ 2
Titolo universitario di primo livello (laurea estera di primo livello)	☐ 3
Titolo universitario di secondo livello o superiore (Master post laurea, ecc.)	☐ 4
Altro	☐ 5

E5 - Livello d'istruzione del/dei genitori

Senza titoli superiori	☐ 1
Almeno un genitore diplomato	☐ 2
Almeno un genitore laureato	☐ 3
Altra situazione	☐ 4

E6 - Competenza musicale del/dei genitori

Nessuna in particolare (ascolto sporadico di trasmissioni o contenuti musicali)	☐ 1
Almeno un genitore è appassionato e ascolta regolarmente musica	☐ 2
Almeno un genitore è appassionato di musica e suona uno strumento	☐ 3
Almeno un genitore ha rapporti professionali in campo musicale (musicista di professione, ecc.)	☐ 4

E7 - Settore di attività prevalente dei genitori (quello caratterizzato dal reddito maggiore)

Agricoltura	☐ 1
Industria	☐ 2
Commercio	☐ 3
Servizi	☐ 4
Altro	☐ 5

E8 - Disponibilità economiche familiari

Non consone a una normale esistenza	☐ 1
Consone a una normale esistenza	☐ 2
Più che consone a una normale esistenza	☐ 3

COMMENTI VERBALI

Elenchi cortesemente alcuni aspetti non considerati che, a suo giudizio, sono utili all'indagine svolta e dovrebbero entrare a far parte di eventuali riproposizioni della stessa

NOTE

Il presente questionario è stato progettato nell'ambito della Scuola di Comunicazione del Dipartimento di Scienze della Comunicazione e Discipline Umanistiche, Università degli Studi di Urbino Carlo Bo.
Tutti i diritti sono riservati

Lista dei Conservatori musicali italiani

Conservatorio di musica di ADRIA "Antonio Buzzolla"
viale maddalena, 2 - 45011 ADRIA (RO)
recapiti:
tel. 0426/21686/7;tx.0426/41616
Sito web: http://www.conservatorioadria.it
Direttore: Roberto Gottipavero

Conservatorio di musica di ALESSANDRIA "Antonio Vivaldi"
via parma, 1 - 15100 ALESSANDRIA
recapiti:
tel. 0131/051500 - fax:0131/325336
e-mail: cons.al@tiscalinet.it
Sito web: http://www.conservatoriovivaldi.it
Direttore: Giovanni Gioanola

Conservatorio di musica di AVELLINO "Domenico Cimarosa"
via circonvallazione - 83100 AVELLINO
recapiti:
tel. 0825/30622-30031;tx.0825/780074
Sito web: http://www.conservatoriocimarosa.org
Direttore: Maria Gabriella Della Sala

Conservatorio di musica di BARI "Niccolò Piccinni"
via cifarelli, 26 - 70124 BARI
recapiti:
tel. 080/5740022-5740820-5740301-tx.080/5794461
Sito web: http://www.conservatoriopiccinni.it
Direttore: Gianpaolo Schiavo

Conservatorio di musica di BENEVENTO "Nicola Sala"
via mario la vipera - 82100 BENEVENTO
recapiti:
tel. 0824/21102;tx.0824/50355
e-mail: protocollo@conservatorio.bn.it; direttoreamministrativo@conservatorio.bn.it; m.coppola@conservatorio.bn.it
PEC: conservatoriobn@pec.it

Sito web: http://www.conservatorio.bn.it/
Direttore: Giosuè Grassia

Conservatorio di musica di BOLOGNA "Giovan B. Martini"
p.zza rossini, 2 - 40126 BOLOGNA
recapiti:
tel. 051/233975-221483; tx.051/223168
Sito web: http://www.conservatorio-bologna.com/
Direttore: Vincenzo De Felice

Conservatorio di musica di BOLZANO "Claudio Monteverdi"
p.zza domenicani, 19 - 39100 BOLZANO
recapiti:
tel. 0471/978764;tx.0471/975891
e-mail: info@cons.bz.it
Sito web: http://cons.bz.it
Direttore: Giacomo Fornari

Conservatorio di musica di BRESCIA "Luca Marenzio"
p.zza arturo benedetti michelangeli, 1 - 25121 BRESCIA
recapiti:
tel. 030/2886711;tx.030/3770337
e-mail: segreteria@conservatorio.brescia.it
Sito web: http://www.conservatorio.brescia.it
Direttore: Ruggero Ruocco

Conservatorio di musica di BRESCIA "Luca Marenzio" - sezione staccata di DARFO BOARIO TERME
via razziche, 5 - 25047 DARFO-BOARIO TERME (BS)
recapiti:
tel. 0364/532904;tx.0364/532085
Sito web: http://www.conservatorio.brescia.it/darfo/
Direttore: Ruggero Ruocco

Conservatorio di musica di CAGLIARI "Pierluigi da Palestrina"
p.zza e. porrino, 1 - 09100 CAGLIARI
recapiti:
tel. 070/494048-493118;tx.070/487388

Sito web: http://www.conservatoriocagliari.it/
Direttore: Aurora Cogliandro

Conservatorio di musica di CAMPOBASSO "Lorenzo Perosi"
via principe di piemonte, 2 - 86100 CAMPOBASSO
recapiti:
tel. 0874/90041-90042;tx.0874/411377
Sito web: http://www.conservatorioperosi.it
Direttore: Lelio Di Tullio

Conservatorio di musica di CASTELFRANCO VENETO "Agostino Steffani"
via garibaldi, 25 - 31033 CASTELFRANCO VENETO (TV)
recapiti:
tel. 0423/495170-492984;tx.0423/420269
Sito web: http://www.steffani.it
Direttore: Stefano Canazza

Conservatorio di musica di CESENA "Bruno Maderna"
c.so u. comandini, 1 - 47023 CESENA (FO)
recapiti:
tel. 0547/28679;tx.0547/610742
Sito web: http://www.conservatoriomaderna-cesena.it
Direttore: Laura Pistolesi

Conservatorio di musica di COMO "Giuseppe Verdi"
via cadorna, 4 - 22100 COMO
recapiti:
tel. 031/279827;tx.031/266817
Sito web: http://www.conservatoriocomo.it/
Direttore: Vittorio Zago

Conservatorio di musica di COSENZA "Stanislao Giacomantonio"
ex convento di s. maria delle grazie, via portapiana - 87100 COSENZA
recapiti:
Tel. 0984/76627-709024 - Fax. 0984 29224
e-mail: direttore@conservatoriodicosenza.it

PEC: conservatoriodicosenza@pec.it
Sito web: http://portale.conservatoriodicosenza.it
Direttore: Francesco Perri

Conservatorio di musica di CUNEO "G.F. Ghedini"
via roma, 19 - 12100 CUNEO
recapiti:
tel. 0171/693148;tx.0171/699181
Sito web: http://www.conservatoriocuneo.it/
Direttore: Alberto Borello

Conservatorio di musica di FERMO "Giovambattista Pergolesi"
via dell'università, 16 - 63023 FERMO (AP)
recapiti:
tel. 0734/225495-225801-229218;tx.0734/228742
Sito web: http://www.conservatorio.net
Direttore: Nicola Verzina

Conservatorio di musica di FERRARA "Girolamo Frescobaldi"
largo antonioni, 1 - 44121 FERRARA
recapiti:
tel. 0532/207412; tx.0532/247521
Sito web: http://www.conservatorioferrara.it
Direttore: Fernando Scafati

Conservatorio di musica di FIRENZE "Luigi Cherubini"
p.zza belle arti, 2 - 50122 FIRENZE
recapiti:
tel. 055/2989311; tx.055/2396785
Sito web: http://www.conservatorio.firenze.it
Direttore: Paolo Zampini

Conservatorio di musica di FOGGIA "Umberto Giordano"
piazza negri, 13 - 71100 FOGGIA
recapiti:
tel. 0881/773467-723668; tx.0881/774687

Sito web: http://www.conservatoriofoggia.it
Direttore: Francesco Montaruli

Conservatorio di musica di FOGGIA "Umberto Giordano" - sezione staccata di RODI GARGANICO
via lenoci, 2 - 71012 RODI GARGANICO (FG)
recapiti:
tel. 0884/966580;tx.0884/966366
Sito web: http://www.conservatoriorodi.it
Direttore: Francesco Montaruli

Conservatorio di musica di FROSINONE "Licinio Refice"
viale michelangelo - 03100 FROSINONE
recapiti:
tel. 0775/840060; tx.0775/202143
e-mail: conservatorio@conservatorio-frosinone.it
Sito web: http://www.conservatorio-frosinone.it/
Direttore: Alberto Giraldi

Conservatorio di musica di GENOVA "Nicolò Paganini"
via albaro, 38 - 16145 GENOVA
recapiti:
tel. 010/318683-3620747; tx.010/3620819
Sito web: http://www.conspaganini.it
Direttore: Roberto Tagliamacco

Conservatorio di musica di L'AQUILA "Alfredo Casella"
Via francesco savini, snc - 67100 L'AQUILA
recapiti:
tel. 0862/22122; tx.0862/62325
Sito web: http://www.consaq.it
Direttore: Giandomenico Piermarini

Conservatorio di musica di LA SPEZIA "Giacomo Puccini"
via xx settembre, 34 - 19100 LA SPEZIA
recapiti:
tel. 0187/770333; tx. 0187/770341
e-mail: info@conservatoriopuccini.com

Sito web: http://www.conservatoriopuccini.com
Direttore: Giuseppe Bruno

Conservatorio di musica di LATINA "Ottorino Respighi"
via ezio - 04100 LATINA
recapiti:
tel. 0773/664173; tx.0773/661678
Sito web: http://www.conservatorio.latina.it/
Direttore: Giovanni Borrelli

Conservatorio di musica di LECCE "Tito Schipa"
via a.ciardo, 2 - 73100 LECCE
recapiti:
tel. 0832/344266/7; tx.0832/340951
e-mail: conservatoriole@tiscali.it
Sito web: http://www.conservatoriolecce.it
Direttore: Giuseppe Spedicati

Conservatorio di musica di LECCE "Tito Schipa" - sezione staccata di CEGLIE MESSAPICA
v.le b. luigi don guanella, 2 - 72013 CEGLIE MESSAPICA (BR)
recapiti:
tel. e fax 0831/379129
Sito web: http://www.conservatoriolecce.it
Direttore: Giuseppe Spedicati

Conservatorio di musica di MANTOVA "Lucio Campiani"
via della Conciliazione, 33 - 46100 MANTOVA
recapiti:
tel. 0376/324636 – 0376/368362; tx.0376/223202
Sito web: http://www.conservatoriomantova.com
Direttore: Salvatore Dario Spanò

Conservatorio di musica di MATERA "Egidio R. Duni"
p.zza del sedile - 75100 MATERA
recapiti:
tel. 0835/335797; tx.0835/331291
e-mail: info@conservatoriomatera.it

Sito web: http://www.conservatoriomatera.it
Direttore: Saverio Vizziello

Conservatorio di musica di MESSINA "Arcangelo Corelli"
via bonino, 1 - 98100 MESSINA
recapiti:
tel. 090/6510410; tx.090/2287889
e-mail: info@conservatoriomessina.it
Sito web: http://www.consme.it
Direttore: Antonino Averna

Conservatorio di musica di MILANO "Giuseppe Verdi"
via conservatorio, 12 - 20122 MILANO
recapiti:
tel. 02/762110; tx.02/76014814
e-mail: organizzazione@consmilano.it; comunicazione@consmilano.it
Sito web: http://www.consmilano.it/
Direttore: Cristina Frosini

Conservatorio di musica di MONOPOLI "Nino Rota"
p.zza s. antonio, 27 - 70043 MONOPOLI (BA)
recapiti:
tel. 080/9303607-4170791; tx.080/9303366
e-mail: monopoli_cons@libero.it; monopoli_consamm@inwind.it
Sito web: http://www.conservatoriodimonopoli.org
Direttore: Roberto De Leonardis

Conservatorio di musica di NAPOLI "S. Pietro a Majella"
via s.p. a majella, 35 - 80138 NAPOLI
recapiti:
tel. 081/5644411; tx.081/5644415
Sito web: http://www.sanpietroamajella.it/
Direttore: Carmine Santaniello

Conservatorio di musica di NOVARA "Guido Cantelli"
via collegio gallarini, 1 - 28100 NOVARA
recapiti:
tel. 0321/31252-392629; tx.0321/640556

e-mail: segreteriaamministrativa@conservatorionovara.it
Sito web: http://consno.it/
Direttore: Roberto Politi

Conservatorio di musica di PADOVA "Cesare Pollini"
via eremitani, 6 - 35100 PADOVA
recapiti:
tel. 049/8763111-8750648; tx.049/661174
PEC: conservatorio.pd@legalmail.it
Sito web: http://www.conservatoriopollini.it
Direttore: Elio Orio

Conservatorio di musica di PALERMO "A. Scarlatti"
via squarcialupo,45 - 90133 PALERMO
recapiti:
tel. 091/580921-582803; tx.091/586742
Sito web: http://www.conservatoriobellini.it/
Direttore: Deniele Ficola

Conservatorio di musica di PARMA "Arrigo Boito"
via del conservatorio,27 - 43100 PARMA
recapiti:
tel. 0521/381911; tx.0521/200398
Sito web: http://www.conservatorio.pr.it/
Direttore: Riccardo Ceni

Conservatorio di musica di PERUGIA "Francesco Morlacchi"
piazza mariotti,2 - 06123 PERUGIA
recapiti:
tel. 075/5733843-4; tx.075/5736943
e-mail: direttore@conservatorioperugia.it
Sito web: http://www.conservatorioperugia.it
Direttore: Pietro Caraba

Conservatorio di musica di PESARO "Gioacchino Rossini"
piazza olivieri,5 - 61100 PESARO
recapiti:
tel. 0721/33671-34151; tx.0721/35295
e-mail: conservatoriorossini.con@tin.it

Sito web: http://www.conservatoriorossini.it/
Direttore: Fabio Masini

Conservatorio di musica di PESCARA "Luisa d'Annunzio"
Via Leopoldo Muzii,7 - 65123 PESCARA
recapiti:
tel. 085/7951420
e-mail: conspe@conservatoriopescara.it
PEC: conspe@pec.conservatoriopescara.it
Sito web: http://www.conservatoriopescara.it
Direttore: Alfonso Patriarca

Conservatorio di musica di PIACENZA "Giuseppe Nicolini"
via s. franca , 35 - 29100 PIACENZA
recapiti:
tel. 0523/384345/6; tx.0523/388836
Sito web: http://www.conservatorio.piacenza.it
Direttore: Lorenzo Missaglia

Conservatorio di musica di POTENZA "Gesualdo da Venosa"
via tammone, 1 - 85100 POTENZA
recapiti:
tel. 0971/46056/7; tx.0971/46239
e-mail: segreteria@conservatoriopotenza.it
Sito web: http://www.conservatoriopotenza.it
Direttore: Felice Cavaliere

Conservatorio di musica di REGGIO CALABRIA "Francesco Cilea"
via aschenez prolungamento, 1 - 89123 REGGIO CALABRIA
recapiti:
tel. 0965/812223; tx.0965/24809
e-mail: conservatoriocilea@genie.it; segreteriacilea@genie.it
Sito web: http://digilander.libero.it/conservatoriocilea/
Direttore: Maria Grande

Conservatorio di musica di ROMA "Santa Cecilia"
via dei greci,18 - 00187 ROMA

recapiti:
tel. 06/36096720; tx.06/36001800
Sito web: http://www.conservatoriosantacecilia.it
Direttore: Roberto Giuliani

Conservatorio di musica di ROVIGO "Francesco Venezze"
corso del popolo, 241 - 45100 ROVIGO
recapiti:
tel. 0425/22273-27857; tx.0425/29628
Sito web: http://www.conservatoriorovigo.it/
Direttore: Giuseppe Fagnocchi

Conservatorio di musica di SALERNO "G. Martucci"
via s.de renzi, 62 - 84125 SALERNO
recapiti:
tel. 089/241086; tx.089/2582440
e-mail: protocollo@consalerno.it
PEC: conservatoriosalerno@pec.it
Sito web: http://www.consalerno.com
Direttore: Fulvio Maffia

Conservatorio di musica di SASSARI "Luigi Canepa"
piazzale cappuccini - 07100 SASSARI
recapiti:
tel. 079/296447; tx.079/296449
e-mail: info@conservatorio.sassari.it
Sito web: http://www.conservatorio.sassari.it
Direttore: Antonio Ligios

Istituto statale superiore di studi musicali e coreutici "Gaetano Braga" di TERAMO
VIA Taraschi, 10 - 64100 TERAMO
recapiti:
tel. 0861/248866; fax 0861/248816
Sito web: http://www.istitutobraga.it/
Direttore: Tatjana Vratonjic

Conservatorio di musica di TORINO "Giuseppe Verdi"
via mazzini,11 - 10123 TORINO

recapiti:
tel. 011/8178458-888470; tx.011/885165
Sito web: http://www.conservatoriotorino.eu/
Direttore: Francesco Pennarola

Conservatorio di musica di TRAPANI "Antonio Scontrino"
via francesco sceusa, 1 - 91100 TRAPANI
recapiti:
tel. 0923/556124/5/6; tx.0923/551465
Sito web: http://www.conservatorioscontrino.it/
Direttore: Elisa Cordova

Conservatorio di musica di TRENTO "Francesco A. Bonporti"
via s. maria maddalena, 1 - 38122 TRENTO
recapiti:
tel. 0461/261673-231097; tx.0461/263888
Sito web: http://www.conservatorio.tn.it
Direttore: Massimiliano Rizzoli

Conservatorio di musica di TRENTO "Francesco A. Bonporti" - sezione staccata di RIVA DEL GARDA
l.go marconi, 5 - 38066 RIVA DEL GARDA (TN)
recapiti:
tel. 0464/551669; tx tn 0461/236315 ;fx s.m.0464/550187
Sito web: http://www.conservatorio.tn.it/
Direttore: Massimiliano Rizzoli

Conservatorio di musica di TRIESTE "Giuseppe Tartini"
via carlo ghega, 12 - 34123 TRIESTE
recapiti:
tel. 040/6724911; tx.040/6724969
Sito web: http://www.conservatorio.trieste.it
Direttore: Roberto Turrin

Conservatorio di musica di UDINE "Jacopo Tomadini"
piazza 1° maggio, 29 - 33100 UDINE
recapiti:
tel. 0432/502755; tx.0432/510740

e-mail: protocollo@conservatorio.udine.it
PEC: conservatorio.udine@pec.it
Sito web: http://www.conservatorio.udine.it/
Direttore: Flavia Brunetto

Conservatorio di musica di VENEZIA "Benedetto Marcello" - palazzo pisani
sestriere s.marco, 2810 - 30124 VENEZIA
recapiti:
tel. 041/5225604-5236561; tx.041/5239268
Sito web: http://www.conservatoriovenezia.net
Direttore: Roberto Gottipavero

Conservatorio di musica di VERONA "E. F. dall'Abaco"
via massalongo,2 - 37121 VERONA
recapiti:
tel. 045/8002814-8009133; tx.045/8009018
Sito web: http://www.conservatorioverona.it
Direttore: Laura Och

Conservatorio di musica di VIBO VALENTIA "Fausto Torrefranca"
via corsea snc - 89900 VIBO VALENTIA
recapiti:
tel. 0963/43846 sede uffici; 0963/591335; fax:0963/472188
e-mail: conservatoriovibo@tin.it
Sito web: http://www.conservatoriovibovalentia.it
Direttore: Vittorino Naso

Conservatorio di musica di VICENZA "Arrigo Pedrollo"
contrà.domenico,33 - 36100 VICENZA
recapiti:
tel. 0444/507551; tx.0444/302706
e-mail: conservatoriovicenza@consvi.it
PEC: conservatoriovicenza@legalmail.it
Sito web: http://www.consvi.it
Direttore: Roberto Antonello

Fonte: http://www.afam.miur.it/argomenti/istituzioni/conservatori-di-musica.aspx

Nota di edizione

Questo libro

I Conservatori in Italia, pur nel loro essere un'istituzione culturale e formativa importante, rimangono "appartati" forse per la natura stessa della disciplina musicale così poco rilevante nella definizione dell'uomo di cultura nel nostro tempo.

Essi Hanno svolto e continuano a svolgere un ruolo estremamente significativo nell'ambito dell'educazione musicale con particolare riferimento all'attività professionale, ma nonostante le riforme degli ultimi anni di essi si sa poco. Vengono qui presentati alcune riflessioni di carattere sociologico, storico, comparativo, corredati dai risultati di uno studio pilota condotto in tre distinte realtà italiane.
Il tutto è completato in appendice da alcune testimonianze dirette.

Gli autori

Mario Corsi (1957) è ricercatore in Statistica Sociale presso l'Università degli Studi Carlo Bo di Urbino. Da sempre si è occupato di temi legati alla programmazione e valutazione dei servizi socio sanitari per i quali ha prodotto diversi contributi caratterizzati da indagini empiriche. Si è occupato anche dell'universo giovanile e delle sue manifestazioni, di questioni ambientali, temi di natura antropologica legati alle tradizioni popolari nonché indagini sui percorsi formativi e le conseguenti realizzazioni professionali.

Massimo Stefano Russo (Lentini 1959) dal 2000 ricercatore presso l'Università di Urbino Carlo Bo, insegna sociologia del tempo libero presso la Scuola di comunicazione e sociologia dell'educazione nella Scuola di sociologia e servizio sociale. Si è occupato dei processi di istituzionalizzazione della sociologia, in particolare nel contesto italiano. I suoi interessi di ricerca sia teorica che empirica negli ultimi anni sono sempre più concentrati sull'universo giovanile e in particolare le nuove tecnologie nel contesto del tempo libero. Tra le sue ultime pubblicazioni *Della sociologia e del tempo libero*, Aracne Roma 2017; *I paradossi del caso Cucchi: un sommerso che si doveva poteva salvare*, in: Lo Stato irresponsabile il caso Cucchi a cura del Gruppo di ricerca su potere, istituzioni e forme di controllo sociale-Università degli studi Carlo Bo, Aracne, Roma 2017. *Camminare, guardare, ascoltare: paesaggio sonoro e tempo libero*, in: Giornate sonore a cura di A. Calanchi e M. Morini, Aras Edizioni, Fano 2018. Con I. Matteucci e M. Corsi, *Conoscenza e comunicazione come primi strumenti di prevenzione: Un'indagine sulla Food Literacy di giovani studenti*, Tangram Edizioni Scientifiche, Trento 2018. Suoi articoli sono pubblicati su Girodivite.

Le edizioni ZeroBook

Le edizioni ZeroBook nascono nel 2003 a fianco delle attività di www.girodivite.it. Il claim è: "un'altra editoria è possibile". ZeroBook è una piccola casa editrice attiva soprattutto (ma non solo) nel campo dell'editoriale digitale e nella libera circolazione dei saperi e delle conoscenze.
Quanti sono interessati, possono contattarci via email: zerobook@girodivite.it
O visitare le pagine su: https://www.girodivite.it/-ZeroBook-.html

Ultimi volumi:
Enne / Piero Buscemi
Permesso di soggiorno obbligato / redazione Girodivite.

La socialdemocrazia italiana fra scissioni e confluenze (1947-1998) / Ferdinando Leonzio.
Cortale, borgo di Calabria / di Pasquale Riga
Delitto a Nova Milanese : venticinque righe nelle "brevi" / Adriano Todaro
Abbiamo una Costituzione : Ideologie, partiti e coscienza democratica costituzionale / Gaetano Sgalambro
Lentini nell'Italia repubblicana / di Ferdinando Leonzio
Emma Swan e l'eredità di Adele Filò / di Simona Urso
Otello Marilli / di Ferdinando Leonzio
Autobianchi : vita e morte di una fabbrica / di Adriano Todaro ; prefazione di Diego Novelli
Sei parole sui fumetti / di Ferdinando Leonzio
Sotto perlaceo cielo : mito e memoria nell'opera di Francesco Pennisi / di Luca Boggio
Accanto ad un bicchiere di vino : antologia della poesia da Li Po a Rino Gaetano / a cura di Piero Buscemi
Il cronoWeb / a cura di Sergio Failla
L'isola dei cani / di Piero Buscemi

Saggistica:
I Sessantotto di Sicilia / Pina La Villa, Sergio Failla
Il Sessantotto dei giovani leoni / Sergio Failla
Antenati: per una storia delle letterature europee: volume primo: dalle origini al Trecento / di Sandro Letta

Antenati: per una storia delle letterature europee: volume secondo: dal Quattrocento all'Ottocento / di Sandro Letta

Antenati: per una storia delle letterature europee: volume terzo: dal Novecento al Ventunesimo secolo / di Sandro Letta

Il cronoWeb / a cura di Sergio Failla

Il prima e il Mentre del Web / di Victor Kusak

Col volto reclinato sulla sinistra / di Orazio Leotta

Il torto del recensore / di Victor Kusak

Elle come leggere / di Pina La Villa

Segnali di fumo / di Pina La Villa

Musica rebelde / di Victor Kusak

Il design negli anni Sessanta / di Barbara Failla

Maledetti toscani / di Sandro Letta

Socrate al caffè / di Pina La Villa

Le tre persone di Pier Vittorio Tondelli / di Alessandra L. Ximenes

Del mondo come presenza / di Maria Carla Cunsolo

Stanislavskij: il sistema della verità e della menzogna / di Barbara Failla

Quando informazione è partecipazione? / di Lorenzo Misuraca

L'isola che naviga: per una storia del web in Sicilia / di Sergio Failla

Lo snodo della rete / di Tano Rizza

Comunicazioni sonore / di Tano Rizza

Radio Alice, Bologna 1977 / di Lorenzo Misuraca

L'intelligenza collettiva di Pierre Lévy / di Tano Rizza

I ragazzi sono in Giro / a cura di Sergio Failla

Proverbi siciliani / a cura di Fabio Pulvirenti

Parole rubate / redazione Girodivite-ZeroBook

Accanto ad un bicchiere di vino : antologia della poesia da Li Po a Rino Gaetano / a cura di Piero Buscemi

Neuroni in fuga / Adriano Todaro

Celluloide : storie personaggi recensioni e curiosità cinematografiche / a cura di Piero Buscemi

Sotto perlaceo cielo : mito e memoria nell'opera di Francesco Pennisi / di Luca Boggio

Per una bibliografia sul Settantasette / Marta F. Di Stefano

Iolanda Crimi : un libro, una storia, la Storia / di Pina La Villa

Autobianchi : vita e morte di una fabbrica / di Adriano Todaro prefazione di Diego Novelli

Dizionario politico-sociale di Nova Milanese : Passato e presente / Adriano Todaro

Abbiamo una Costituzione : Ideologie, partiti e coscienza democratica costituzionale / Gaetano Sgalambro

La peste di Palermo del 1575 / di Giovanni Filippo Ingrassia

Permesso di soggiorno obbligato / a cura della redazione Girodivite

Narrativa:

L'isola dei cani / di Piero Buscemi

L'anno delle tredici lune / di Sandro Letta

Emma Swan e l'eredità di Adele Filò / di Simona Urso

Delitto a Nova Milanese : venticinque righe nelle "brevi" / Adriano Todaro

Enne / Piero Buscemi

Poesia:
Iridea / poesie di Alice Molino, foto di Piero Buscemi
Il libro dei piccoli rifiuti molesti / di Victor Kusak
L'isola ed altre catastrofi (2000-2010) / di Sandro Letta
La mancanza dei frigoriferi (1996-1997) / di Sergio Failla
Stanze d'uomini e sole (1986-1996) / di Sergio Failla
Fragma (1978-1983) / di Sergio Failla
Raccolta differenziata n°5 : poesie 2016-2018 / di Victor Kusak

Libri fotografici:
I ragni di Praha / di Sergio Failla
Transiti / di Victor Kusak
Ventimetri / di Victor Kusak
Visioni d'Europa / di Benjamin Mino, 3 volumi
Cortale, borgo di Calabria / Pasquale Riga

Opere di Ferdinando Leonzio:
Una storia socialista : Lentini 1956-2000 / di Ferdinando Leonzio
Lentini 1892-1956 : Vicende politiche / di Ferdinando Leonzio
Segretari e leader del socialismo italiano / di Ferdinando Leonzio
Breve storia della socialdemocrazia slovacca / di Ferdinando Leonzio
Donne del socialismo / di Ferdinando Leonzio
La diaspora del socialismo italiano / di Ferdinando Leonzio
Cento gocce di vita / di Ferdinando Leonzio

La diaspora del comunismo italiano / di Ferdinando Leonzio
Sei parole sui fumetti / di Ferdinando Leonzio
Otello Marilli / di Ferdinando Leonzio
La diaspora democristiana / di Ferdinando Leonzio
Lentini nell'Italia repubblicana / di Ferdinando Leonzio
Delfo Castro, il socialdemocratico / Ferdinando Leonzio
La socialdemocrazia italiana fra scissioni e confluenze (1947-1998) / Ferdinando Leonzio

Parole rubate:
Scritti per Gianni Giuffrida: La nuova gestione unitaria dell'attività ispettiva: L'Ispettorato Nazionale del Lavoro / di Cristina Giuffrida

WikiBooks:
La Carta del Carnaro 1920-2020 (ISBN 978-88-6711-183-1)
Webology : le "cose" del Web / a cura di Sergio Failla (ISBN 978-88-6711-185-5)

Cataloghi:
ZeroBook: catalogo dei libri e delle idee 2012-...
Catalogo ZeroBook 2007
Catalogo ZeroBook 2006

Riviste:
Post/teca, antologia del meglio e del peggio del web italiano
ISSN 2282-2437

https://www.girodivite.it/-Post-teca-.html

Girodivite, segnali dalle città invisibili
ISSN 1970-7061
https://www.girodivite.it
https://www.girodivite.it

ZeroBook catalogo delle idee e dei libri
bimestrale
https://www.girodivite.it/-ZeroBook-free-catalogo-puoi-.html